Sven Litzcke
Horst Schuh

Streß am Arbeitsplatz

Streß beflügelt – Streß macht krank

Deutscher Instituts-Verlag GmbH

Die Deutsche Bibliothek – CIP Einheitsaufnahme

Litzcke, Sven:
Streß am Arbeitsplatz : Streß beflügelt – Streß macht krank / Sven Litzcke /
Horst Schuh. – Köln : div, Dt. Inst.-Verl. 1999
   ISBN 3-602-14474-7

© 1999 Deutscher Instituts-Verlag GmbH
Postfach 510670, 50942 Köln
Telefon (02 21) 49 81-4 52
Fax (02 21) 49 81-4 45
E-Mail: div@iwkoeln.de
Lektorat: Axel Taeger
Druck: Bercker, Kevelaer

Inhalt

Vorwort:
Die zwei Gesichter von Streß

Jeder zweite Deutsche fühlt sich mindestens einmal wöchentlich gestreßt. Streß wird als „Seuche des 20. Jahrhunderts" (Focus 46/1994) oder als „Krankheit der Gegenwart" (Wagner-Link, 1996) bezeichnet. In Deutschland belaufen sich die Streßfolge-kosten auf rund 60 Milliarden Mark pro Jahr.

Wir alle kennen Situationen, in denen wir uns überfordert fühlen, in denen wir gereizt, hektisch oder nervös reagieren. Wir ärgern uns, sind wütend oder fühlen uns ohnmächtig und niederge-schlagen. Im Normalfall können wir solch unangenehme Erleb-nisse gut verarbeiten. Belastungen werden erst dann zum Pro-blem, wenn Zeitdruck und Überforderung Dauerstreß erzeugen. Dauerstreß beeinträchtigt das Wohlbefinden, schränkt unsere geistige Leistungsfähigkeit ein und gefährdet unsere Gesund-heit.

Abbildung 1

Hitliste des Alltags-Stresses

(Angaben in Prozent)

Auf die Frage: „Ich nenne Ihnen einige Bereiche bzw. Situationen, in denen man Streß haben kann. Sagen Sie mir bitte jeweils, ob Sie dabei persönlich häufig, gelegentlich oder nie Streß haben", antworten mit „häufig":

Beruf	Straßen-verkehr	Lärm	Einkaufen	Partner-schaft	Kinder	Vor-gesetzte
25	16	16	11	7	7	5

In Abbildung 1 sind Bereiche dargestellt, die viele von uns als Streß empfinden. Der Beruf führt die Hitliste des Alltags-Stresses mit 25 Prozent an; weitere 5 Prozent, die sich durch Vorgesetzte gestreßt fühlen, kommen hinzu. Straßenverkehr und Lärm verursachen bei je 16 Prozent der Befragten Streß. Beim Einkaufen fühlen sich immerhin noch 11 Prozent gestreßt. Aber auch Partnerschaft und Kinder werden von je 7 Prozent als Streß erlebt. Wie sieht es bei Ihnen aus? Welches sind Ihre häufigsten Stressoren?

Streß muß nicht krank machen. Unser Streß-System erfüllt wichtige Aufgaben und hat unseren Vorfahren Vorteile verschafft. Die Streßreaktion ist eine entwicklungsgeschichtlich alte Funktion, die der Mensch mit höherentwickelten Tieren gemeinsam hat. Sie war und ist lebenswichtig.

Wir wollen gefordert werden, etwas leisten, unsere Fähigkeiten unter Beweis stellen. Auch das beinhaltet Streß; solcher Streß macht Spaß. Wir sind zufrieden, wenn der Tag mit anregender Arbeit ausgefüllt war, wenn wir uns mit ganzer Kraft erfolgreich für eine Sache eingesetzt haben.

Problematisch ist die Degeneration des Begriffes „Streß" zum Modewort. Es gehört zum guten Ton, keine Zeit zu haben, mit dem Terminkalender zu kokettieren, belastet, überfordert, kurz: „im Streß zu sein" (Hoberg/Vollmer, 1988). Der Vater hat Streß mit dem Nachbarn, die Tochter fühlt sich von ihrem Bruder gestreßt, der Bruder hat Streß, wenn er kein Eis bekommt etc. In diesen Beispielen werden banale Erlebnisse mit „Streß" verknüpft. So wächst die Gefahr, gefährliche Folgen echten Stresses zu bagatellisieren.

Das Ziel: Diese Fibel soll Ihnen helfen, konstruktiv mit Streß umzugehen. Dies setzt voraus, daß Sie bereit sind, über **Ihr** konkretes Streßverhalten nachzudenken sowie Einstellungs- und Verhaltensänderungen aktiv anzupacken.

Der Weg: Die Fibel vermittelt die wichtigsten Informationen zum Streßgeschehen: Was ist Streß? Wie entsteht Streß? Wie läuft die Streßreaktion ab? Mögliche Streßfolgen, angefangen beim

Unwohlsein bis hin zum Herzinfarkt, werden erläutert. Die in den Text integrierten Selbsteinschätzungen und die im Anhang befindlichen Fragebögen analysieren Ihre individuelle Streßsituation sowie Ihre Streßverarbeitungsmuster. Wir stellen Ihnen praxisorientierte Methoden und erprobte Hilfen vor, mit denen Sie Streß bewältigen können.

Viel Spaß beim Entdecken und viel Erfolg beim Ausprobieren.

Köln und München, im Januar 1999

Streßentstehung

Was ist Streß?

Der Begriff „Streß" stammt aus dem Englischen und geht auf einen Vorgang in der Materialprüfung zurück. In der Materialprüfung versteht man unter Streß das Testen von Metallen oder Glas auf ihre Belastbarkeit. Der Physiologe Hans Selye (1907–1982) übertrug den Begriff in die Psychologie und die Medizin. Als Streß bezeichnete er die unspezifische Reaktion des Körpers auf jede an ihn gestellte Anforderung. Selye ging von einem neutralen Streßverständnis aus. Er sprach von Streß, wenn der Körper auf einen Reiz mit Aktivierung reagiert. Das kann sowohl bei negativen als auch bei positiven Erlebnissen der Fall sein. Negativer Streß wird **Dis-Streß**, positiver **Eu-Streß** genannt (Selye, 1974).

Streß ist die Aktivierungsreaktion des Organismus auf Anforderungen und Bedrohungen (sogenannte Stressoren). Stressoren sind alle Situationen, die Streß im Körper auslösen. Typische Stressoren sind (Olschewski, 1995a):

– physische Belastungen: Lärm, Hitze, Nachtschicht, übervoller Magen, schwere körperliche Arbeit, langes Autofahren, Reizüberflutung

– psychische Belastungen: Fremdbestimmung, Zeitmangel, Hetze, Streit, Konflikte, soziale Isolation, ungebetener Besuch

– negative Gedanken: sich als Versager fühlen, es allen recht machen wollen, alles gleich erledigen wollen, immer nur Schlimmes erwarten.

Streß wird häufig als Einfluß von außen dargestellt, wir fühlen uns den äußeren Belastungen ausgeliefert. Diese Sichtweise ist einseitig. Nach dem transaktionalen Ansatz der Streßforschung (Lazarus, 1966) ist Streßentstehung auf das Zusammenspiel zwischen situativen Anforderungen und der individuellen Beurteilung der eigenen Ressourcen und Fähigkeiten zurückzuführen. Entscheidend ist die subjektive Bewertung der Umgebungsfaktoren durch einen Menschen: Wie nimmt ein Mensch eine Situation subjektiv wahr, und welche Bewältigungsmöglichkeiten stehen ihm dafür zur Verfügung?

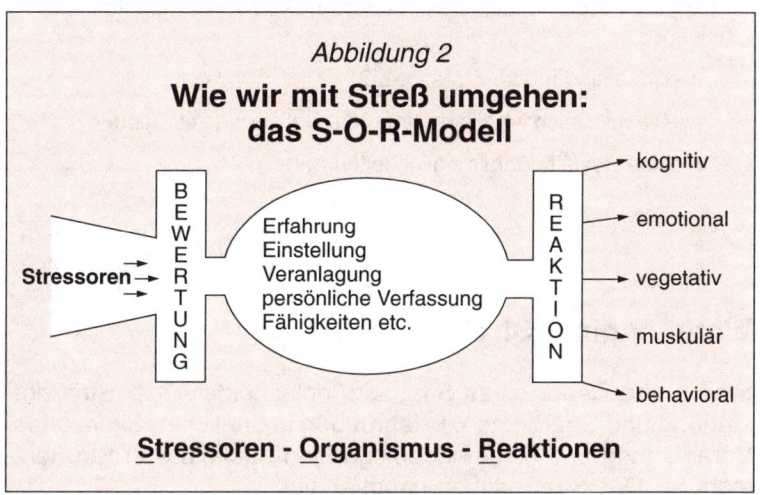

Abbildung 2

**Wie wir mit Streß umgehen:
das S-O-R-Modell**

Stressoren - Organismus - Reaktionen

Menschen können objektiv gleiche Belastungen subjektiv unterschiedlich empfinden. Nach dem S-O-R-Modell (Abbildung 2) verarbeitet eine Person (= Organismus) Stressoren je nach ihren Erfahrungen, Einstellungen, Veranlagungen oder momentanen Stimmungen unterschiedlich.

Beispiel: Ein Verkehrsrowdy, der uns schneidet und bei Gelb gerade noch die Ampel passiert, läßt uns kalt, wenn wir ruhig und ausgeglichen sind. Derselbe Vorgang bringt uns zum Kochen, wenn wir unter Zeitdruck stehen, der andere bei Gelb gerade noch die Ampel passiert, wir aber bei Rot auf die Bremse treten müssen.

Beispiel: Für jemanden, der sein Auto liebt, bedeutet eine Beule viel Streß. Wer seinen Wagen nüchtern als „fahrbaren Untersatz" betrachtet, wird sich von einer Beule weniger „stressen" lassen (Frese, 1991). Streß ist also abhängig von den **Einstellungen, Erfahrungen** und der **persönlichen Verfassung** des einzelnen.

Wirksame Streßbewältigung setzt die Analyse eigener Einstellungen und eigenen Verhaltens voraus. Nur wer seine persönlichen Belastungssituationen kennt, kann Streß gezielt bewältigen.

Folgende Fragen haben sich bei der Analyse von Streßsituationen bewährt:

- Welches sind meine Stressoren?
- Wie reagiere ich im allgemeinen auf Belastungssituationen?
- Welche Bewältigungsmöglichkeiten habe ich?

Wann beginnt Streß?

Stärke und Dauer eines Stressors entscheiden über Streßentstehung und Streßfolgen. Erfahrungen in ähnlichen Situationen, Veranlagung und Rahmenbedingungen beeinflussen Streßentstehung. Das Streßerleben hängt ab von:

- Häufigkeit

- Vielfalt

- Dauer

- Intensität, mit der Stressoren auf ein Individuum einwirken und

- individueller Bewertung einer Situation: bedrohlich oder zu bewältigen?

Lebensbedrohliche Konfrontationen sind in unserem Alltag selten, unterschwelliger **Daueralarm** hingegen häufig (Wagner-Link, 1996): Die Arbeit ist abends nicht erledigt; statt zu schlafen, grübelt man über die Probleme nach – der Organismus bleibt angespannt. Andererseits beflügeln uns bewältigte Herausforderungen. Die Streßdosis und die wahrgenommenen Bewältigungschancen entscheiden darüber, ob Streß negativ oder positiv wirkt.

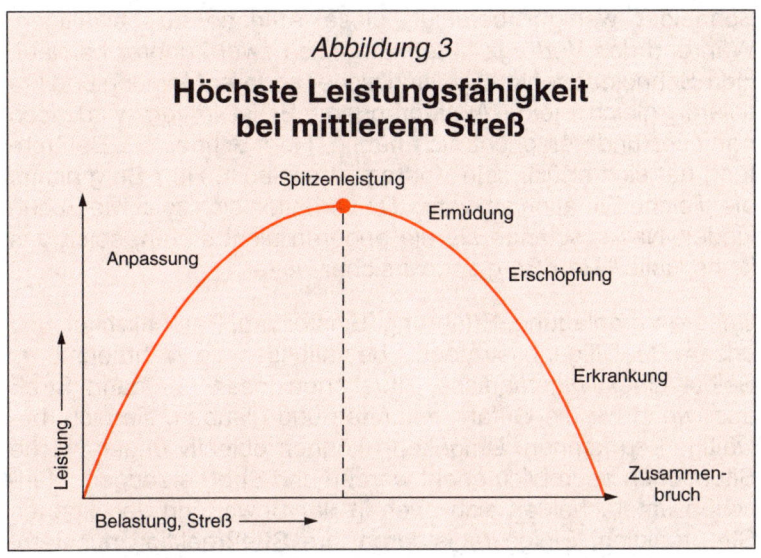

Abbildung 3
**Höchste Leistungsfähigkeit
bei mittlerem Streß**

Abbildung 3 verdeutlicht den Zusammenhang zwischen Streßerleben und Leistungsfähigkeit. Ideal ist mittlerer Streß. Zuviel
oder zuwenig Streß führen zum Leistungsabfall. Die richtige
Streßdosis spornt an. Jede körperliche und geistige Anstrengung benötigt ein Mindestmaß an (Streß-)Energie. Spitzenlei-
stungen sind ohne kontrollierten Streß nicht möglich. Streß wirkt
zunächst positiv, erst das Übermaß schädigt und führt zu Ermü-
dung, Erkrankung und schließlich zum Zusammenbruch.

Wer empfindet was als Streß?

Die persönliche Bewertung entscheidet darüber, ob ein Mensch
Streß empfindet oder nicht. Dazu ein Beispiel (nach Wagner-
Link, 1996): Herr Schneider und Herr Berg sollen einen Kurzvor-
trag halten. Beide sind redegewandt und sachkundig. Herr
Schneider ist ein eher verschlossener, unsicherer Mensch, der
zwar über einen guten Sprachstil verfügt, sich aber wenig zu-
traut. Ihm graut vor dem Vortrag. Herr Berg hingegen steht gerne im Mittelpunkt und hat nur etwas Lampenfieber. Objektiv sind
beide fähig, die Situation zu meistern. Subjektiv fühlt sich Herr

Schneider weniger befähigt, diese Aufgabe zu bewältigen. Während des Vortrags unterhalten sich zwei Zuhörer halblaut. Herr Schneider denkt: „Die sind sicher anderer Meinung und kritisieren gleich meine Ausführungen." Er ist irritiert, wird noch nervöser und verspricht sich häufig. Herr Schneiders Befürchtung hat sich erfüllt, sein Vortrag ist schlecht. Herr Berg nimmt die gleiche Situation so wahr: „Da verhalten sich zwei wie Schulkinder. Na ja, solange sie die anderen nicht stören, spielt das keine Rolle." Herr Berg spricht sicher weiter.

Unsere Veranlagung, Erfahrung, Einstellung, Persönlichkeit und unsere Bewältigungsstrategien beeinflussen die Wahrnehmung. Selbst objektiv gefährliche Situationen lösen nur dann Streß aus, wenn wir die Gefahr erkennen und glauben, sie nicht bewältigen zu können. Umgekehrt können objektiv ungefährliche Situationen bedrohlich erlebt werden und Streß erzeugen. Menschen unterscheiden sich auch in der Bewertung der eigenen Streßreaktion. Einige registrieren ihre Streßreaktion nüchtern, andere steigern sich in die Streßreaktion hinein. Im schlimmsten Fall wird die Streßreaktion selbst zum Stressor.

Wer glaubt, einer Situation hilflos ausgeliefert zu sein, zeigt eine stärkere Streßreaktion als jemand, der sicher ist, die Situation kontrollieren zu können. Menschen, die glauben, eine Anforderung aktiv steuern zu können, sind weniger gefährdet, Streßfolgeschäden zu erleiden. Menschen, die sich fremdbestimmt fühlen, verhalten sich passiv-resignativ, lassen Dinge schleifen und geraten gerade dadurch in Streß.

Neben solch individuellen Unterschieden spielen auch folgende Besonderheiten eine Rolle: Männer fühlen sich schneller als Frauen eingeengt und haben oft das Gefühl, eine Situation nicht im Griff zu haben. Typische Beispiele sind Verkehrsstreß oder die Situation als Beifahrer im Auto (Wagner-Link, 1996). Männer entwickeln in solchen Situationen häufig ein Gefühl der Hilflosigkeit und geraten unter Streß. Frauen hingegen geraten in Diskussionen bei unterschiedlichen Auffassungen oder bei Konflikten eher unter Streß.

Ein Beispiel: Herr Konz verbringt seinen Urlaub in einem südlichen Land. Während seine Familie badet, liest er eine deutsche

Tageszeitung und ärgert sich über die schlechte Börsenentwicklung. Die Zeitung hat Herr Konz bald ausgelesen, er richtet seine Aufmerksamkeit auf den nahe gelegenen Parkplatz und erkennt, daß die Parkplätze nicht optimal genutzt werden. Zunächst teilt Herr Konz diese Erkenntnis aufgebracht seinem Liegestuhlnachbarn mit. Dieser teilt die Aufregung erkennbar nicht, darüber regt sich Herr Konz ebenfalls auf. Am nächsten Tag hält Herr Konz es am Strand nicht mehr aus; er springt auf und dirigiert schwitzend, mit hochrotem Kopf die Autofahrer in die Parkplätze. Dabei denkt er: „Höchste Zeit, daß hier einer was tut, so kann das nicht weitergehen."

Herr Konz ist nur zufrieden, wenn er aktiv ist und Leistung erbringt. Er hat keine Geduld mit sich und anderen. Herr Konz zeigt ein sogenanntes Typ-A-Verhalten. Der Begriff stammt aus der Forschung zu Herzerkrankungen. Danach sind Menschen, die Typ-A-Verhalten zeigen, besonders anfällig für Herzinfarkte. Das Gegenstück gilt für Menschen, die Typ-B-Verhalten zeigen; sie reagieren gelassener auf Streß. Als Typ-A-Muster wird die Kombination von hohem Leistungsstreben, Konkurrenzdenken, Ungeduld, Perfektionismus, hohem Verantwortungsbewußtsein, Hektik, Aggressionsbereitschaft und starker Zielorientierung bezeichnet (Wagner-Link, 1996). Da Menschen mit solchen Verhaltensmustern zunächst oft erfolgreich sind, erhalten sie Anerkennung für ihre Leistung; sie sind beruflich erfolgreich. Im zwischenmenschlichen Bereich rufen sie durch ihre Kämpfernatur und Ungeduld häufig Konflikte hervor. Besonders kritisch sind Situationen, in denen ein hohes Maß an Anstrengung und Leistung erforderlich ist und in denen zugleich Mißerfolg wahrscheinlich ist. Menschen mit Typ-A-Verhalten verausgaben sich dann leicht, allerdings bei zunächst geringem Leidensdruck. Der Leidensdruck beginnt erst nach jahrelangem Raubbau. Bei Typ-A-Verhalten ist das Risiko, einen Herzinfarkt zu erleiden, doppelt so hoch wie bei Typ-B-Verhalten.

Streßreaktion

Streßreaktionen liefern uns die Energie, um auf Gefahr und Bedrohung schnell reagieren zu können, sei es durch Angriff oder durch Flucht.

Beispiel (Olschewski, 1995b): Stellen wir uns den Steinzeitmenschen Urs vor. Mit Fellen umhüllt liegt Urs an einem Feuer irgendwo im Busch und ruht sich von der Jagd aus. Plötzlich hört er ein Knacken, sieht den Schatten eines Raubtieres, nimmt dessen Geruch wahr; ohne nachzudenken springt er auf und greift blitzschnell zu seinem Speer, greift das Tier an und verjagt es. Nach dieser anstrengenden Tat zieht sich Urs in seine Höhle zurück, wo er sich erschöpft zum Erholungsschlaf niederlegt.

Urs hat Streß gehabt. An seinem Beispiel läßt sich der Ablauf einer Streßreaktion gut nachvollziehen. Durch den bedrohlichen Reiz (Raubtier) wird die Alarmreaktion ausgelöst. Ohne Nachdenken trifft Urs unwillkürlich die Entscheidung für Angriff. Nach der körperlichen Handlung ist eine Ruhepause notwendig, in der sich der Organismus regeneriert.

Da Nachdenken in der Bedrohungssituation Zeitvergeudung wäre, reagiert der Organismus blitzschnell und automatisch. Erst später kommen wir zur Besinnung und werden uns bewußt, was genau geschehen ist. Der Organismus ist während der Streßreaktion zu körperlichen Höchstleistungen fähig, zu geistigen nicht. Der Ablauf einer Streßreaktion ist heute derselbe wie in der Steinzeit.

Beispiel: Die Fußgängerampel springt auf Grün, Ulrike läuft über die Straße. Ein BMW-Fahrer ist von der Sonne geblendet und übersieht, daß seine Ampel auf Rot steht. Ulrike erkennt aus den Augenwinkeln, daß ein schwarzer BMW mit unvermindertem Tempo weiterfährt. Ulrike springt blitzschnell zurück auf den Gehweg; das Auto fährt haarscharf an ihr vorbei. Nimmt sich Ulrike etwas Zeit, um sich vom Schrecken zu erholen, so läuft auch bei ihr die Streßreaktion ohne schädliche Spätfolgen ab (Olschewski, 1995b).

Beispiel: Herr Fibisch fährt gemütlich auf einer Bundesstraße. Plötzlich kommt ihm auf seiner Spur ein Auto entgegen. Blitzschnell reißt er das Lenkrad herum und rast in den Acker neben der Straße. Herr Fibisch bleibt unverletzt. Er umklammert das Lenkrad, ist kreidebleich und zittert am ganzen Körper. In der Extremsituation hat er richtig und schnell reagiert; später steht er unter Schock.

Wenn die Streßreaktion und ihre Folgen ganz normal sind, wo liegt dann das Problem? Wir können in den heutigen Streßsituationen oft weder fliehen noch kämpfen. Die bereitgestellten Energien werden nicht abgerufen. So ist es im Straßenverkehr sinnvoller, mit einem geschickten Ausweichmanöver die Situation zu meistern und weiterzufahren, statt in Steinzeitmanier brüllend und fuchtelnd auf Kollisionskurs zu gehen. So verschieden die streßauslösenden Situationen sind, die Streßreaktion ist immer dieselbe. Eine punktuelle Streßreaktion kann der Körper allmählich abbauen und gut verkraften. Bei Daueralarm, zum Beispiel durch ständigen Straßenlärm, wird der Körper jedoch überfordert. Daueralarm wird meist durch unterschwellige Stressoren wie Lärm, Reizüberflutung oder psychische Konstellationen wie Frustration, Ärger oder Angst ausgelöst. Die Stressoren setzen den biologischen Mechanismus in Gang. Im wesentlichen beteiligt sind das vegetative Nervensystem und das Hormonsystem.

Zur Veranschaulichung kann man die Streßreaktion in fünf Ebenen unterteilen:

- kognitive Ebene
- emotionale Ebene
- vegetativ-hormonelle Ebene
- muskuläre Ebene
- behaviorale Ebene (= Verhalten).

Die kognitive Ebene beschreibt geistige Vorgänge wie Denk- und Wahrnehmungsprozesse. Die emotionale Ebene umfaßt Gefühle und Befindlichkeiten. Reaktionen des vegetativen Nervensystems und daran angeschlossener Organe gehören zur vegetativ-hormonellen Ebene. Die muskuläre Ebene umfaßt Reaktionen der Skelettmuskulatur. Sichtbares Verhalten gehört zur behavioralen Ebene, beispielsweise Fliehen oder Zittern.

Ein Stressor kann auf jeder der fünf Ebenen Reaktionen auslösen. Die Ebenen beeinflussen sich gegenseitig und können die Reaktionen verstärken.

Kognitive Ebene

Die Wahrnehmung verengt sich auf diejenigen Reize, die in der Streßsituation wichtig erscheinen. Kognitive Reaktionen können sein: Leere im Kopf, Denkblockade, die Gedanken kreisen, Bewertungen schießen einem durch den Kopf wie: „Paß auf!", „Das schaff ich nie!", „Auch das noch!", „Das geht schief!"

Dauerstreß führt zur Einengung der Wahrnehmung. Informationsaufnahme, Lern- und Gedächtnisleistungen sowie Kreativität nehmen ab. Konzentrations-, Gedächtnis- und Leistungsstörungen, Tunnelblick, Tagträume, Realitätsflucht, Wahrnehmungsverschiebungen und Alpträume können die Folge sein.

Emotionale Ebene

Aus dem Grundmuster Aggression – Angriff und Angst – Flucht können Schreck, Panik, Nervosität, Verunsicherung, Ärger, Wut, Gereiztheit resultieren. Bei Dauerstreß entstehen entlang des Grundmusters „Aggression – Angst" Symptome wie: generalisierte Aggressionsbereitschaft, Unsicherheit, Unzufriedenheit, Unausgeglichenheit, Gefühlsschwankungen, Depression, Apathie, Hypochondrie.

Vegetativ-hormonelle Ebene

Durch Streß erfolgt eine vegetative und hormonelle Aktivierung. Der Sympathikus wird erregt, wirkt auf die Nebennieren und veranlaßt dort die Freisetzung der Streßhormone Adrenalin, Noradrenalin, Testosteron und Cortisol. Dadurch wird die Atmung beschleunigt, Herz und Kreislauf arbeiten stärker, die Pupillen weiten sich, die Blutgefäße verengen sich, Zucker- und Fettvorräte werden bereitgestellt, Schweißreaktionen treten auf und einiges mehr.

Gleichzeitig wird durch das Hormon Hydrocortison die Immunabwehr des Körpers geschwächt. Magen und Darm reduzieren ihre Aktivität, die Sexualfunktion wird eingeschränkt. Auch Folgereaktionen wie Erbrechen, Durchfall und Übelkeit können auftreten.

Das somatische Nervensystem steuert die Skelettmuskulatur, dies geschieht willentlich. Hingegen ist das vegetative Nervensystem der willentlichen Kontrolle entzogen; es regelt die Organfunktionen des Körpers und sorgt dafür, daß sich der Körper automatisch an verändernde Außenbedingungen anpaßt.

Das vegetative Nervensystem versorgt die glatte Muskulatur, die Blutgefäße, Herz, Drüsen und innere Organe; es besteht aus zwei Teilen, dem Sympathikus und dem Parasympathikus (Hoberg/Vollmer, 1988). Die meisten Organe werden von Sympathikus und Parasympathikus angesprochen, allerdings im entgegengesetzten Sinne (Übersicht 1). Der Sympathikus bewirkt eine Bereitschaft zur Leistung, der Parasympathikus dient der Schonung und Erholung.

Übersicht 1

Sympathikus und Parasympathikus wirken entgegengesetzt

	Aktivierung des Sympathikus	Aktivierung des Parasympathikus
Herz	Frequenz, Kontraktionskraft und Erregbarkeit steigen. Folge: Blutfördermenge steigt.	Frequenz, Kontraktionskraft und Erregbarkeit sinken. Folge: Blutfördermenge sinkt.
Atmung	Erweiterung der Bronchien	Verengung der Bronchien
Durch-blutung	Durchblutung der Haut und der Verdauungsorgane wird gedrosselt. Durchblutung der Skelettmuskulatur und des Herzens steigt.	Nur geringe direkte Wirkung auf die Durchblutung.
Stoff-wechsel	Anstieg des Stoffwechsels	Abfall des Stoffwechsels
Magen/Darm	Darmtätigkeit und Magensaftproduktion werden gehemmt.	Darmtätigkeit und Magensaftproduktion nehmen zu.

	Aktivierung des Sympathikus	Aktivierung des Parasympathikus
Bauch-speichel-drüse	Hemmung der Sekretion	Steigerung der Sekretion
Auge	Pupillenerweiterung	Pupillenverengung
Schweiß-drüsen	Verstärktes Schwitzen	
Haare	Haare richten sich auf durch Anspannung der Haarmuskeln.	

Die zentrale Rolle im vegetativen Nervensystem spielen der Hypothalamus und das limbische System. Im limbischen System wird geprüft, ob ein Reiz besondere Aufmerksamkeit verdient. Ist das der Fall, schaltet der Hypothalamus über den Sympathikus die Organe auf höhere Leistungsbereitschaft.

Adrenalin und Noradrenalin verstärken die Wirkung des Sympathikus und stellen chemische Energie bereit. Auf diese Weise erhält die Muskulatur ausreichend Brennstoffe (Fettsäuren und Glucose); der Körper ist kampf- und fluchtbereit. Je länger eine Streßreaktion dauert, desto wichtiger wird folgende Reaktionskette, die den Körper auf Langzeitbelastungen einstellt: Die Hypophyse (Hirnanhangdrüse) sendet Botenstoffe aus, die unter anderem die Nebennieren zur Abgabe weiterer Hormone veranlassen. Dadurch werden unsere Fettreserven genutzt, aber wir werden auch anfälliger für Infektionskrankheiten, da unser Immunsystem allmählich schwächer wird (Hoberg/Vollmer, 1988).

Aus Dauerstreß können psychosomatische Beschwerden resultieren: Herz-Kreislauf-Störungen, Bluthochdruck, erhöhtes Infarktrisiko, Gastritis, Magen- und Darmgeschwüre, Verdauungsbeschwerden, Schlafstörungen, chronische Müdigkeit, Verschiebung des Hormonhaushalts, Zyklusstörungen, Verminderung der Samenproduktion, sexuelle Funktionsstörungen, Hautveränderungen, Schwindelanfälle, Atembeschwerden, Migräne. Auf streßbedingte Krankheitsfolgen wird später noch ausführlich eingegangen (siehe Kapitel „Streßfolgen", Seite 32 ff.).

Muskuläre Ebene

Die Skelettmuskulatur wird „vorgespannt", der Körper ist auf Flucht und Angriff optimal eingestellt. Diese Aktivierungsreaktion können wir nutzen, um

– Streß im Anfangsstadium zu erkennen

– individuelle Stressoren zu diagnostizieren

– Streß im Anfangsstadium entgegenzuwirken.

Muskuläre Reaktionen können sein: starre Mimik, Fingertrommeln, Zittern, Zähneknirschen, Fuß wippen, Zucken, Spannungskopfschmerz, Rückenschmerzen, Faust ballen, Stottern, Gesicht verzerren, fahrige Gestik.

Ständige Anspannung verbraucht Energie, man ermüdet schnell. Chronische Verspannungen sind eine weitere Folge. Durch einseitige Belastung werden die in den Muskeln liegenden Blutgefäße zusammengepreßt. Dadurch wird die Blutzufuhr gedrosselt, es gelangen nur wenig Sauerstoff und Nährstoffe in die Muskeln, Abfallprodukte wie Kohlen- und Milchsäure werden nicht ausreichend abtransportiert. Das erzeugt Schmerzen. Die Schmerzen können sich verselbständigen und später ohne direkte Auslöser auftreten.

Behaviorale Ebene

Die physiologische Reaktion läuft bei allen Menschen gleich ab, in den psychologischen Aspekten unterscheiden wir uns jedoch deutlich. Welche Reaktionen sind auf Stressoren möglich?

– Aktive Reaktion: den Stressor selbst verändern.

– Passive Reaktion: den Stressor ertragen.

– Abwehrreaktion (im psychologischen Sinne): den Stressor leugnen und ihn nicht zur Kenntnis nehmen.

– Fluchtreaktion: versuchen, dem Stressor zu entfliehen.

– Anspannungsreaktion: sich noch mehr anstrengen.

Jede dieser Verhaltensweisen kann hilfreich sein, jede kann aber auch negative Folgen haben. Eine aktive Reaktion kann umschlagen in Aggressivität und Gereiztheit. Das kann sich darin ausdrücken, daß man dem Partner gegenüber ärgerlich und kurz angebunden ist, ohne es wirklich zu wollen, und daß man bereits bei „Kleinigkeiten" gereizt reagiert. Eine passive Reaktion kann umschlagen in allgemeine Passivität und Hilflosigkeit. Wer nicht oder ständig erfolglos versucht, sich zu wehren, wird unter Selbstzweifeln, negativer Selbsteinschätzung und Traurigkeit leiden; im Extremfall entwickelt sich eine Depression. Eine Abwehrreaktion kann in allgemeinen Realitätsverlust umschlagen. Mißverhältnisse zwischen Realität und Wahrnehmung werden nicht mehr zur Kenntnis genommen. Eine Fluchtreaktion kann in generelle Ängstlichkeit umschlagen. Man versucht allen Problemen aus dem Weg zu gehen. Man schweigt, auch wenn man sich ungerecht behandelt fühlt. Permanente Anspannung kann zu psychosomatischen Beschwerden und Krankheiten führen.

Streßfolgen

Streß führt zur Daueranspannung

Wachsende Anspannung

Der Mensch ist geprägt durch seine Auseinandersetzung mit der Umwelt. Betrachten wir unsere Vorfahren, zum Beispiel den berühmten Neandertaler: Sein Leben hing davon ab, im Falle einer Gefahr blitzschnell alle Energie für Kampf oder Flucht mobilisieren zu können. Die Jagd, der Kampf mit wilden Tieren etc. erforderten die sofortige Alarm- und Aktionsbereitschaft des Körpers, um sich behaupten zu können.

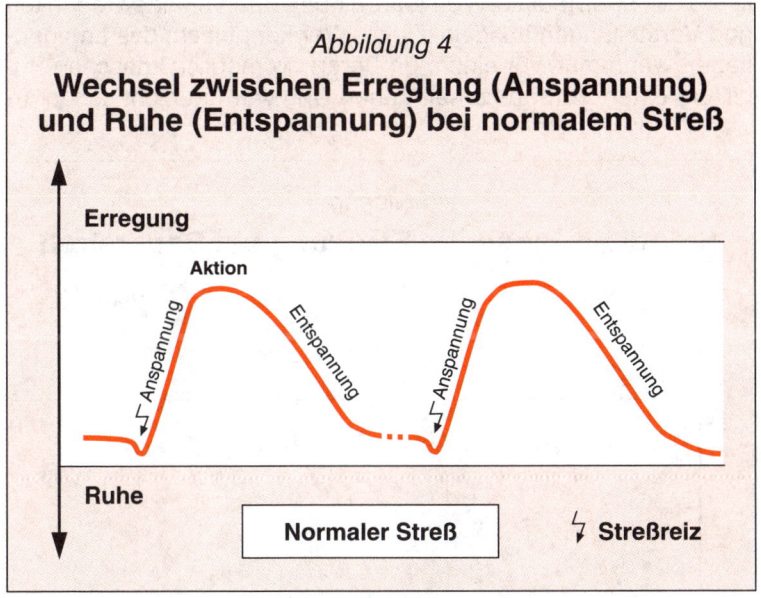

Abbildung 4

Wechsel zwischen Erregung (Anspannung) und Ruhe (Entspannung) bei normalem Streß

Erregung

Aktion

Anspannung

Entspannung

Anspannung

Entspannung

Ruhe

Normaler Streß   Streßreiz

Diese Anlage zur schnellen Alarmbereitschaft tragen wir in uns. Wer als Autofahrer in eine bedrohliche Situation gerät, muß blitzschnell reagieren, zum Beispiel das Lenkrad herumreißen. Dafür ist die Streßreaktion lebenswichtig, sie sorgt für sofortige Anspannung der Muskulatur, für den Anstieg von Blutdruck und Pulsfrequenz und einiges mehr. Ohne langes Überlegen sofort das Richtige zu tun, darauf kommt es an. Die Streßreaktion blockiert zugleich das Denken. Das ist grundsätzlich sinnvoll: Denken braucht Zeit, und die steht in solchen Ausnahmesituationen nicht zur Verfügung. Ist die Gefahr vorüber, kann der Organismus wieder entspannen. Die in der Streßreaktion mobilisierten Körperfunktionen fallen auf ihr Ausgangsniveau zurück – bis zur nächsten Streßreaktion. Abbildung 4 veranschaulicht den zyklischen Verlauf von Spannung und Entspannung.

Eine Streßreaktion ist nicht nur Antwort des Körpers auf die heute seltenen physischen Bedrohungen. Auch psychische Belastungen lösen eine Streßreaktion aus, vor allem wenn man sich in seiner Selbstachtung bedroht fühlt. Dabei spielt es keine Rolle, ob die Streßreaktion von außen oder durch eigene Gedanken und Vorstellungen ausgelöst wird. Wer kennt nicht das Lampenfieber, wenn man vor einem größeren, womöglich kritischen Publikum einen Vortrag zu halten hat. Und wer hat nicht schon är-

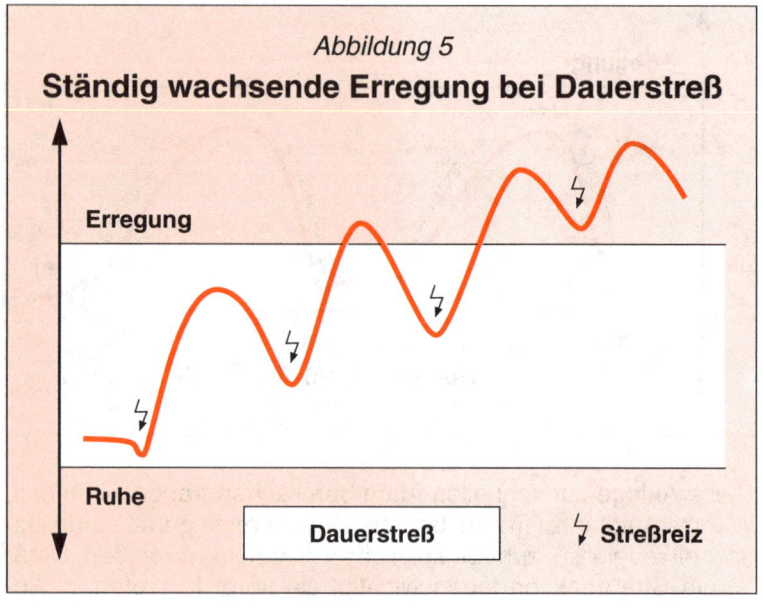

Abbildung 5
Ständig wachsende Erregung bei Dauerstreß

Erregung

Ruhe

Dauerstreß   ⚡ Streßreiz

gerlich reagiert, wenn er glaubte, sich etwas – aus Gründen der Selbstachtung – nicht bieten lassen zu können. All dieser Streß bleibt ohne nachteilige Folgen, sofern der Anspannung die notwendige Entspannung und Erholung folgen. Erst wenn die Streßeinschläge dichter werden und die Streßreaktion über eine lange Zeit andauert, wird aus einer vorübergehenden Anspannung eine Daueranspannung. Aus normalem Streß wird Dauerstreß. Die Fähigkeit zu wirksamer Entspannung, zur Regeneration, geht allmählich verloren. Abbildung 5 veranschaulicht die Wirkung von Dauerstreß.

Bei Dauerstreß wird man nervös, spürt eine innere Unruhe, kann nicht mehr richtig entspannen. Abends ist man müde, erschöpft und abgespannt. Man fühlt sich urlaubsreif. Die geistige Leistungsfähigkeit nimmt ab, da bei Streß zunächst die höheren geistigen Prozesse leiden, allem voran die Kreativität. Mit zunehmender Streßwirkung bereitet auch die Konzentration auf eine Aufgabe Schwierigkeiten; die Gedanken schweifen ab. Die Merkfähigkeit wird in Mitleidenschaft gezogen: Wer mit seinen Gedanken woanders ist, übersieht leicht, überhört leicht und vergißt leicht. Man spürt, daß es so nicht weitergehen kann, daß man etwas tun oder lassen muß – nur was?

Solcher Dis-Streß führt nicht nur zur Abnahme der Leistungsfähigkeit, sondern auch zur Verschlechterung des psychischen und physischen Gesamtzustandes. Man wird aggressiver, ängstlicher, passiver. Die Gesundheit leidet. Allerdings kann auch Unterforderung Streß erzeugen. Ein starker Stressor ist das Gefühl, seine tatsächliche Leistungsfähigkeit nicht unter Beweis stellen zu können (Vester, 1997).

Wie hoch ist Ihr derzeitiger Streßpegel? Prüfen Sie dies anhand der folgenden Selbsteinschätzung.

Selbsteinschätzung „Erlebter Streß"

	stimmt	stimmt nicht
Ich fühle mich abends oft abgespannt und erschöpft.	☐	☐
Ich kann mich nicht mehr so gut wie früher auf eine Sache konzentrieren.	☐	☐
In manchen Situationen bin ich so angespannt, daß Konzentration und Denkvermögen beeinträchtigt sind.	☐	☐
Ich spüre oft eine innere Unruhe, die mich nicht losläßt.	☐	☐
Es fällt mir schwer, mich einer Sache intensiv über längere Zeit zu widmen.	☐	☐
Manchmal habe ich den Eindruck, daß meine Freizeit zur Erholung nicht mehr ausreicht.	☐	☐
Ich kann nicht mehr so richtig abschalten.	☐	☐
Ich stelle fest, daß ich mir vieles nicht mehr so gut merken kann wie früher.	☐	☐

(nach Blankenstein/Gassner/Hilken/Milz)

Je öfter Sie „stimmt" angekreuzt haben, desto angespannter sind Sie, und desto mehr lohnt es sich für Sie, dieses Thema ausführlich zu behandeln. Das können Sie mit den Fragebögen zur Streßdiagnostik 1 bis 4 (Anhang). Diese vier Fragebögen helfen Ihnen, einen Überblick über Ihre akuten Belastungen in den Bereichen Arbeitsplatz, Privatleben, psychische und psychosomatische Beschwerden sowie Arbeitsstil/Zeitmanagement zu gewinnen. Sie können feststellen, ob und in welchen Bereichen eine Reduktion von Streß für Sie besonders sinnvoll wäre.

Untersucht man viele Menschen in verschiedenen Lebenslagen, so läßt sich der mittlere Streßwert von Ereignissen bestimmen (Tabelle).

Tabelle

Mittlerer Belastungswert bestimmter Lebensereignisse

Streß-punkte	Lebensereignis	Streß-punkte	Lebensereignis
100	Tod des Lebenspartners	36	Berufswechsel
73	Scheidung	35	Ehestreit
63	Tod eines Familien-angehörigen	31	Aufnahme eines größeren Kredits
53	Eigene Verletzung oder Krankheit (mittlere Schwere)	29	Neuer Verantwortungs-bereich im Beruf
50	Heirat	29	Ärger mit angeheirateter Verwandtschaft
47	Verlust des Arbeitsplatzes	23	Ärger mit dem Chef
45	Eheliche Aussöhnung, Pensionierung	20	Wohnungswechsel
44	Krankheit in der Familie	15	Änderung der Eßgewohnheiten
40	Schwangerschaft	13	Urlaub
39	Familienzuwachs, Arbeitsplatzwechsel, sexuelle Schwierigkeiten	12	Weihnachten
38	Erhebliche Einkommens-veränderung	11	Geringfügige Gesetzesübertretungen

Die einzelnen Situationen werden von verschiedenen Menschen unterschiedlich empfunden – je nach Vorerfahrung und Einstellung. Daher dient der mittlere Streßwert lediglich der groben Orientierung, wie stark die aktuelle Lebenssituation einen Menschen im allgemeinen belastet.

Gehen Sie die Tabelle durch und kreuzen Sie diejenigen Ereignisse an, von denen Sie in den letzten zwölf Monaten betroffen waren. Am Ende zählen Sie die Punkte zusammen. Je höher Ihre Punktzahl ausfällt, desto sinnvoller ist es für Sie, sich aktiv mit Ihrer Streßverarbeitung auseinanderzusetzen. Sollte Ihre Streß-bilanz mehr als 150 Punkte betragen, sind Sie besonders gefährdet, Überlastungs-Symptome oder gesundheitliche Störungen zu erleiden. Je höher Ihre Punktzahl ausfällt, desto mehr sollten Sie für sich tun.

Folgende Grundsätze (Zimbardo, 1995) können Ihnen helfen, kritische Lebensereignisse zu relativieren:

- Halten Sie sich nicht mit vergangenen Mißgeschicken auf. Grübeln Sie nicht über Schuld, Scham oder Versagen nach.
- Belegen Sie sich nicht mit irreversiblen, negativen Eigenschaften wie „dumm", „häßlich", „unverbesserlich". Wenn Sie sich unglücklich fühlen, suchen Sie die Ursache dafür in Tatbeständen, die Sie ändern können.
- Erkennen Sie Ihre Erfolge an und pflegen Sie Freundschaften mit Menschen, die Ihre Gefühle, Freuden und Sorgen mit Ihnen teilen.
- Betrachten Sie sich nicht als Spielball des Schicksals, sondern als aktiv Handelnden, der sein Leben jederzeit selbst steuern kann. Übernehmen Sie die Verantwortung für Ihre Entscheidungen.

Sollten Sie sich aufgrund eines oder mehrerer kritischer Lebensereignisse in einer akuten Lebenskrise befinden, empfiehlt es sich, professionelle therapeutische Hilfe in Anspruch zu nehmen. Orientierung bei der Suche nach der richtigen Psychotherapie und qualifizierten Psychotherapeuten bietet der Psychotherapie-Informations-Dienst (PID). Der PID ist ein kostenloser Service des Berufsverbandes Deutscher Psychologinnen und Psychologen e.V. (BDP) und hilft bei Fragen wie (Schreiner-Kürten/Grob, 1997): Welche psychologische Praxen gibt es in der Nähe meines Wohnortes? Wer ist auf meinen Problemkreis spezialisiert? etc. Erreichbarkeit: Psychotherapie-Informations-Dienst PID, Heilsbachstr. 22, 53123 Bonn, Fax (02 28) 64 10 23, Tel. (02 28) 74 66 99.

Fehlende Entspannung

Auf Anspannung folgt normalerweise Entspannung. Biologisch ist die Entspannungsreaktion das Gegenteil der Streßreaktion.

Dauerstreß schlägt sich in einer Störung des vegetativen Gleich-
gewichts nieder. Das vegetative Gleichgewicht gerät ins Wan-
ken, wenn zwischen Person und Umwelt ein dauerndes Mißverhältnis besteht. Gelingt es, dieses Mißverhältnis zu beseitigen,
kann die notwendige Entspannung erreicht werden. Drei Faktoren sind auf diesem Weg besonders hilfreich (Frese, 1991):

– Möglichkeiten, die Bedingungen zu verändern (Handlungsspielraum)

– Sinngebung

– soziale Unterstützung.

Veränderungsmöglichkeiten sind zum Beispiel Lärmquellen beseitigen, sich von Kollegen auch einmal abschotten können, bestimmte Arbeiten nicht tun müssen (Handlungsspielraum).

Wenn man der Arbeit und seinem Leben einen Sinn zu geben vermag, der über die tägliche Bedürfnisbefriedigung hinaus-
geht, sind Streßbedingungen leichter auszuhalten; sie können in
einen größeren Zusammenhang gestellt werden (Sinngebung).

Direkte Hilfe von Kollegen, Vorgesetzten oder Mitarbeitern (soziale Unterstützung) läßt ein Problem eher lösbar erscheinen
und senkt Streß unmittelbar. Emotionale Unterstützung durch
Partner und Freunde vermindert die Wucht, mit der Streß auf die
Gesundheit durchschlägt. Man wird widerstandsfähiger.

Wenn Fähigkeiten und Anforderungen so weit auseinanderklaffen, daß ein Mensch bei realistischer Betrachtung einer Heraus-
forderung nicht gewachsen sein kann, muß man das offen aus-
sprechen und die Anforderungen reduzieren oder die Fähigkeiten erweitern.

Daueranspannung führt zu Krankheiten

Streßschäden

Streßschäden gibt es seit langem, sie sind keine Errungenschaft der letzten Jahrzehnte. Der Leibeigene im 14. Jahrhundert war Streß ausgesetzt, ebenso wie ein Workaholic des 20. Jahrhunderts, der sich auch nach dem zweiten Herzinfarkt voll in die Arbeit stürzt. Allerdings unterscheiden sich die streßauslösenden Situationen und die verfügbaren Bewältigungsmechanismen stark.

Das Risiko des Stresses liegt in seiner langfristig negativen Wirkung. Wilhelm Busch (1832 bis 1908) hat die mögliche Folge von Dauerstreß so ausgedrückt:

> „Wirklich, er war unentbehrlich! Überall, wo was geschah
> zu dem Wohle der Gemeinden, er war tätig, er war da.
> Schützenfest, Kasinobälle, Pferderennen, Preisgericht,
> Liedertafel, Spitzenprobe, ohne ihn, da ging es nicht.
> Ohne ihn war nichts zu machen, keine Stunde hatt' er frei.
> Gestern, als sie ihn begruben, war er richtig auch dabei."

Dieser Passus nimmt die kurzfristig positiven Streßfolgen aufs Korn, die auf der Funktion des Stresses als Statussymbol beruhen. Können Sie sich einen erfolgreichen Manager vorstellen, der Zeit hat, dessen Terminkalender nur spärlich mit Terminen gefüllt ist? Wir auch nicht. Streß steigert das Image. Problematisch ist die langfristig negative Wirkung.

Die Umgangssprache reflektiert den Zusammenhang zwischen Dauerstreß und körperlichen Reaktionen. Bei einem Schrecken „stockt uns der Atem", ein Problem „bereitet uns Kopfschmerzen", Ärger „schlägt uns auf den Magen" oder „macht uns sauer", Mißerfolg nehmen wir uns „zu Herzen", der schwere Unfall eines Freundes „geht uns unter die Haut". Natürlich führen diese Reaktionen nicht unmittelbar zu einer Krankheit. Erst Dauerbelastung löst in unserem Körper Organstörungen aus. Dabei ist es für den Körper völlig gleich, ob die streßauslösenden Reize physischer Art sind, zum Beispiel Schmerzen durch eine Verbrennung, oder ob sie aus seelischen Konflikten resultieren (Vester, 1997).

Aus der fortgesetzten Einwirkung schädlicher Stressoren kann sich das in Tierversuchen entdeckte Adaptationssyndrom (Abbildung 6) entwickeln:

– Alarmreaktion

– Widerstand

– Erschöpfung.

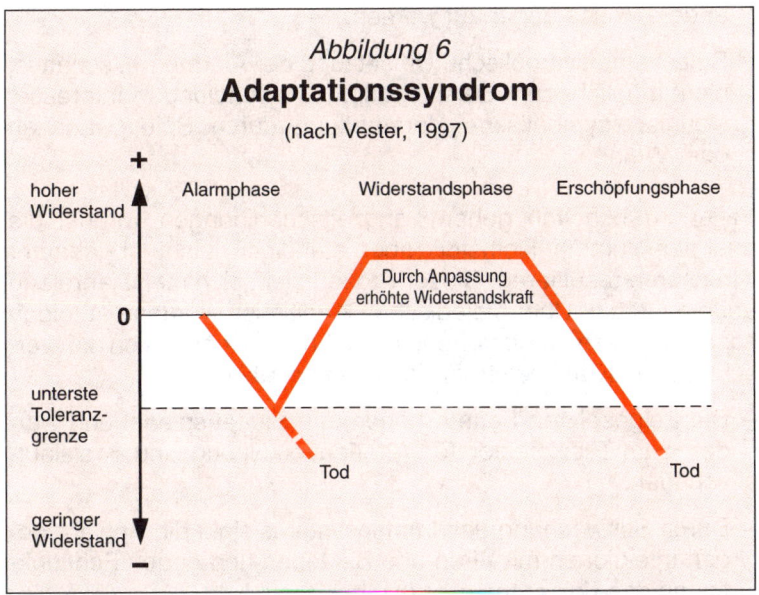

Abbildung 6
Adaptationssyndrom
(nach Vester, 1997)

Ein Stressor löst die Alarmreaktion aus, der Widerstand des Körpers sinkt kurzfristig ab. Bei Extremstressoren tritt der Tod noch während der Alarmreaktion ein (Vester, 1997); das ist allerdings selten. Üblicherweise paßt sich der Körper unter Veränderung wichtiger Funktionen an die Streßbedingungen an; dadurch wird seine Widerstandskraft gegen den Stressor erhöht. Diese zweite Phase wird Widerstandsphase genannt. Die Anpassung hat jedoch Grenzen. Kein Organismus kann Stressoren unbegrenzt ertragen. In der dritten Phase, der Erschöpfungsphase, treten wieder die Symptome der anfänglichen Alarmreaktion auf, können aber nicht mehr rückgängig gemacht werden. Die Folge einer derartigen Dauerbelastung ist der Tod (Vester, 1997).

Langzeitfolgen von Streß fallen nach Vester (1997) dann besonders gravierend aus, wenn folgende drei Bedingungen vorliegen:

- Das Individuum hat keine oder zu kurze Erholungsphasen.

- Die erzeugte Alarmbereitschaft kann nicht mit Flucht (zum Beispiel Lärmquelle meiden) oder Angriff (Lärmquelle abstellen) beantwortet, die mobilisierten Energien können nicht auf andere Weise abgebaut werden.

- Selbst eine symbolische Umsetzung der Alarmbereitschaft ist nicht möglich, zum Beispiel durch Umwandlung in Interesse, Neugier, symbolische Verarbeitung durch Spiele, Lachen oder Weinen.

Vielen Krankheiten gehen Langzeitschädigungen voraus, die aus der Summe kleinster, aber ständiger, nicht abgebauter Stressoren resultieren. Dieser Prozeß zieht sich meist jahrelang unbemerkt hin. Über biologische Regelkreise werden pathologische Prozesse angestoßen, die je nach Konstitution zu verschiedenen Krankheiten führen (Vester, 1997):

- Die freigesetzten Fette erhöhen den Blutfettspiegel und werden zum Risikofaktor für Arterienverkalkung und Kreislaufschäden.

- Durch Schwächung des Immunsystems sinkt die Abwehr gegen Infektionen mit Viren und Bakterien und gegen Fehlfunktionen des Zellwachstums (Krebs).

- Über das vegetative Nervensystem kommt es zu einer Fehlregulation der Drüsen und des Verdauungssystems.

- Die sexuellen Funktionen werden gestört, der Zyklus der Frau wird durcheinandergebracht.

- Die Nieren werden durch ständige Erregung geschädigt. Dadurch wird die Blutreinigung vermindert, die Tendenz zu Schäden am Gefäß- und Kreislaufsystem wird verstärkt.

Wie stark sind Ihre derzeitigen Streßsymptome? Schätzen Sie mit dem folgenden Fragebogen Ihre Situation ein:

Selbsteinschätzung „Streßsymptome"

	stimmt	stimmt nicht
Ich neige zu Muskelverspannungen.	☐	☐
Ich habe Schwierigkeiten, mein Gewicht zu halten.	☐	☐
Ich spüre manchmal mein Herz.	☐	☐
Ich habe häufig Kopfschmerzen.	☐	☐
Bei mir wurden schon erhöhte Blutdruckwerte gemessen.	☐	☐
Ich trinke oft Alkohol zur Entspannung.	☐	☐
Ich habe Schlafprobleme.	☐	☐
Ich brauche die Zigarette zur Entspannung.	☐	☐

(Blankenstein et al.)

Je öfter Sie „stimmt" angekreuzt haben, desto angespannter sind Sie und desto hilfreicher sind Entspannungsübungen; dazu finden Sie im Anhang konkrete Anregungen.

Wir unterliegen dem Atemrhythmus, dem Herzrhythmus, dem Schlaf-Wach-Rhythmus etc. Tagesperiodische Schwankungen sind für Körpertemperatur und Blutdruck ebenso nachgewiesen wie für über hundert andere Meßgrößen. Rhythmen kennzeichnen unser Leben. Ebenso natürlich ist der Wechsel von Hunger und Sattheit, von Durst und Nicht-Durst. Grundbedürfnisse dieser Art treten in unser Bewußtsein und bestimmen unser Verhalten. Wenn sie befriedigt sind, verschwinden sie – um irgendwann wieder in Erscheinung zu treten. Ein solcher Rhythmus ist auch der Wechsel von Anspannung und Entspannung.

Viele Rhythmen sind mit Anspannung und Entspannung gekoppelt, sei es muskulär oder nervlich. So wird verständlich, weshalb anhaltender Streß und die damit verbundene Daueranspannung zu gesundheitlichen Schäden führen. Dauerstreß verursacht neben der direkten schädlichen Wirkung auch indirekt Erkrankungen: Viele Menschen verhalten sich in Streßsituationen gesundheitsschädigend. Sie essen über den Sättigungspunkt hinaus; zum einen, weil das Sättigungsgefühl von der inneren Anspannung überlagert wird, zum anderen, weil im Essen Entspannung gesucht wird. Gewichtsprobleme sind die Folge. Auch die entspannende Wirkung des Alkohols ist bekannt. Alkohol wirkt in höherer Konzentration beruhigend. Gerade die entspannende und schlafbringende Wirkung des Alkohols wird oft zum Abbau von Streß und Spannungen gesucht. Ein riskanter Weg, der zur Gewöhnung und Sucht führen kann. Wer sein natürliches Schlafbedürfnis ständig mißachtet, braucht sich nicht über Schlafstörungen zu wundern. Raucher schreiben der Zigarette Entspannung zu; das ist physiologisch betrachtet paradox. Nikotin wirkt anregend. Bei Überdosierung ruft es im Körper sogar regelrechte Streßreaktionen hervor mit Gefäßverengung, Schwitzen, innerer Unruhe. Wer in Streßsituationen zur Zigarette greift, mag sich subjektiv beruhigen; von den organischen Konsequenzen her betrachtet, verstärkt der Griff zur Zigarette die körperliche Streßreaktion. Koffein und Tein wirken ähnlich. Beim Genuß größerer Mengen kommt es zu innerer Unruhe, Schwitzen und Zittern der Hände – Symptome, wie sie für starke Streßsituationen typisch sind.

Einzelne Krankheitsbilder

Bluthochdruck: Erinnern wir uns an die Streßreaktion: Die Pulsfrequenz steigt, der Gefäßwiderstand erhöht sich, dadurch steigt der Blutdruck. Das ist zunächst vorübergehend und daher unbedenklich. Erst dauernde blutdrucksteigernde Kreislaufreaktionen führen bei ausbleibender Entspannung zur Hypertonie (Bluthochdruck). Hypertonie ist eine Ursache der Gefäßverkalkung (Arteriosklerose), die zu Verengungen in den Blutgefäßen und damit zu einer schlechten Blutversorgung der Organe führt. In direktem Verhältnis zur Höhe des Blutdrucks steigt das Risiko, einen Herzinfarkt oder Schlaganfall zu erleiden. In 80 Prozent der Fälle ist die Ursache der Hypertonie unbekannt; man spricht dann von einer essentiellen Hypertonie (Hoberg/Vollmer, 1988). Nach einer Empfehlung der Weltgesundheitsorganisation (WHO) sprechen wir von Hypertonie, wenn bei mehreren Blutdruckmessungen Werte von 160/95 mm Hg oder höher festgestellt werden. Etwa 12 Prozent unserer Bevölkerung leiden unter Bluthochdruck. Nur bei 20 Prozent der Erkrankten finden sich organische Ursachen. Der größte Teil leidet unter einer sogenannten essentiellen Hypertonie, bei der außer den erhöhten Blutdruckwerten keine krankhaften Organbefunde feststellbar sind. Gerade bei der essentiellen Hypertonie spielt der Streß neben anderen Faktoren wie Übergewicht, salzreicher Kost und Rauchen eine wesentliche Rolle.

Koronarerkrankung und Herzinfarkt: Das Herz ist zur eigenen Sauerstoffversorgung auf spezielle Blutbahnen angewiesen, auf die Herzkranzgefäße (Koronargefäße). Erkrankungen an diesen Arterien sind in erster Linie durch Verhärtung oder Verkalkung der Gefäßwand (Arteriosklerose) bedingt. Sie führen zu einer Blutunterversorgung des Herzmuskels. Bei erhöhtem Sauerstoffbedarf, zum Beispiel bei körperlicher Anstrengung, treten Schmerzen in der Herzgegend auf, die in den linken Arm und in den Halsbereich ausstrahlen können. Wir sprechen von Angina pectoris (= Enge der Brust). Ein Blutgerinnsel oder ein Muskelkrampf der Gefäßwand können zu einem völligen Verschluß führen. Folge ist ein Herzinfarkt, ein Teil des Herzmuskelgewebes stirbt ab. Heftige Brustschmerzen, Erstickungsgefühl und Todesangst sind die Symptome. Da Herz-Kreislauf-Erkrankungen in unserem Kulturkreis die Todesursache Nummer eins sind (Vester, 1997), ist nach den Krankheitsursachen zu fragen.

Die wichtigsten Risikofaktoren für einen Herzinfarkt sind in der Reihenfolge ihrer Bedeutung:

– Rauchen	– Gicht
– Fettstoffwechselstörungen	– Übergewicht
– Bluthochdruck	– Streß.
– Diabetes	

Streß steht nicht an erster Stelle, beeinflußt aber erheblich die anderen Risikofaktoren wie das Rauchen, Bluthochdruck, Eßverhalten und Übergewicht. Bei Personen mit Typ-A-Verhaltensmuster liegt das Herzinfarktrisiko doppelt so hoch wie bei anderen. Das Rückfallrisiko beträgt sogar das Viereinhalbfache.

Funktionelle Herzbeschwerden: Auch Menschen mit gesundem Herz können unter Symptomen leiden wie Herzklopfen, Herzrhythmusstörungen, Engegefühl oder Stechen in der Brust. Diese Symptome rufen eine „Herzangst" hervor, die ihrerseits die Krankheitsanzeichen verstärkt. Die Betroffenen haben Angst vor der Angst. Im Extremfall führt das zu sogenannten Panikattacken: Angst, häufig Todesangst, an Herzversagen zu sterben, obwohl kein organischer Befund vorliegt. Statistische Untersuchungen zeigen, daß gerade Patienten mit funktionellen Herzbeschwerden eher selten an einer Herzkrankheit sterben oder sich ein organisches Herzleiden zuziehen. Trotzdem leiden diese Menschen außerordentlich unter ihren Beschwerden. Ursache ist meist eine starke nervliche Anspannung. Charakteristischerweise treten die Symptome in Ruhe auf, praktisch nie nach körperlichen Belastungen.

Asthma bronchiale: Kennzeichen ist Atemnot, die durch Verkrampfung der Muskulatur der kleinen und kleinsten Luftwege verursacht wird. Über das vegetative Nervensystem wird der natürliche Atemrhythmus gestört; bei entsprechender Anlage geraten die Bewegungen von Muskulatur und Bronchien beim Ein- und Ausatmen durcheinander und verkrampfen sich. Die Luftwege werden eingeengt, besonders das Ausatmen wird erschwert. Typisch für Asthma ist der Anfall, vorzugsweise in der Nacht. In anfallsfreien Zeiten ist die Atmung normal. Asthma ist oft Folge von Allergien. Auch Infektionen der Atemwege, zum Beispiel Bronchitis, lassen den Körper überreagieren. Streß kann den Krankheitsverlauf beeinflussen, besonders die Häufigkeit und Schwere der Anfälle. Luftnot macht Angst, und diese Angst kann zu einer verstärkten Verkrampfung der Bronchien führen.

Störung des Immunsystems: Das menschliche Immunsystem hat zwei wesentliche Aufgaben:

– Es unterstützt den Körper bei der Auseinandersetzung mit fremden Mikroorganismen, zum Beispiel Bakterien und Viren.

– Es behebt als körpereigener Reparaturbetrieb Störungen in-
nerhalb des Organismus, zum Beispiel bei fehlerhafter Zelltei-
lung (Krebs).

Inzwischen ist gesichert, daß chronischer Streß das Immunsystem schwächt. Es kommt häufiger zu Infekten; die Infekte verlaufen schwerer und dauern länger. Streß allein ruft keinen bös-
artigen Tumor hervor. Aber das Risiko, an Krebs zu erkranken,
erhöht sich, wenn die körpereigenen Reparaturmechanismen
nicht mehr wirksam arbeiten. Dieser Effekt ist vergleichbar mit
dem Nachlassen des Immunsystems im Alter. Auch dann steigt
das Risiko einer Krebserkrankung.

Hauterkrankungen/Allergien: Vor Schreck blaß werden, vor
Scham erröten, vor Aufregung schwitzen – kaum ein Organ reagiert so rasch auf seelische Belastungen wie die Haut. Bei entsprechender Veranlagung weiten sich die Reaktionen der Haut
schnell zu einer Krankheit aus. Ein Ekzem, Nesselfieber oder eine nässende Schuppenflechte können sich bei emotionaler Belastung verschlimmern. Bei allergischen Hauterkrankungen können psychische Faktoren die Empfindlichkeit gegenüber den
Kontaktstoffen beeinflussen.

Schilddrüsenüberfunktion: Die Schilddrüse steuert mit ihren
Hormonen eine Reihe von Funktionsabläufen im Körper. Eine
Überfunktion führt zu gesteigertem Energieumsatz, schnellerem
Pulsschlag und innerer Unruhe. Nach einer längeren Streßpha-
se kann sich so ein eigenständiges Krankheitsbild entwickeln.

Diabetes mellitus: Wegen fehlender Insulinproduktion unter
Streß kann der Zuckerstoffwechsel nicht ausreichend reguliert
werden. Es kommt zu einem erhöhten Blutzuckerspiegel, der bei
Dis-Streß noch weiter ansteigt.

Erkrankung des Skeletts und der Gelenke: Psychische Faktoren beeinflussen Auslösung und Verlauf der Erkrankung. Häufig
fällt eine erhöhte Muskelspannung in den gelenknahen Muskel-
partien auf. Die Folge sind rheumatische Beschwerden in Muskeln und Gelenken. Oft kann der Arzt trotz glaubhafter Beschwerden keinen krankhaften Organbefund feststellen. Durch eine

chronische Muskelspannung kann es auch zu Rückenschmerzen kommen. Relativ häufig ist ferner das sogenannte Knirschen im Schlaf. Dabei werden Ober- und Unterkiefer gegeneinander gepreßt. Folge sind Gebißschmerzen und ein Abtragen des Zahnschmelzes.

Kopfschmerz: Fast jeder Mensch hat schon einmal Kopfschmerzen gehabt. Am häufigsten ist der sogenannte Spannungskopfschmerz, der den gesamten Kopf erfassen und über Stunden bis hin zu Wochen dauern kann. Ursache kann streßbedingte Anspannung der Stirn-, Kopf-, Hals- oder Schultermuskulatur sein.

Streßbewältigung

Grundlagen

Patentrezepte gibt es nicht!

Wie gehen Sie mit Streß um? Notieren Sie Ihre Streßbewältigungsstrategien bitte auf einem Blatt Papier. Vergleichen Sie Ihre Strategien mit den später aufgeführten einzelnen Methoden
(Seite 45 ff.). Erweitern Sie dann Ihr Repertoire.

Jede Streßsituation erfordert eine spezifische Methode der Bewältigung, Patentrezepte gibt es nicht! Optimale Streßbewältigung setzt ein breites Repertoire an Methoden voraus. Was für
den einen gut geeignet ist, hilft dem anderen nicht. Auch kann
eine im Berufsleben geeignete Strategie im privaten Bereich
versagen. Die Brauchbarkeit von Streßbewältigungsstrategien
kann nur an ihren Folgen überprüft werden: Der regelmäßige
„Entspannungsschluck" hilft vielleicht kurzfristig, langfristig ist er
schädlich. Wir können jedoch lernen, sinnvoll mit Belastungen
umzugehen. Dies kann schon im Vorfeld von Belastungen geschehen, bevor Streßfolgeschäden entstehen.

Langfristige Streßbewältigung und kurzfristige Erleichterung

Eine problemorientierte langfristige Streßbewältigung beeinflußt
die Streßursachen. Belastungen werden direkt angegangen,
grundsätzlich verändert, oder der Organismus wird streßresi-
stenter gemacht.

Maßnahmen der langfristigen Streßbewältigung sind besonders
wirksam, wenn

– man Ursachen der Belastung verändern, beseitigen oder reduzieren will und kann

– eine Belastung vorhersehbar ist und man sich darauf vorbe-
   reiten will.

Mit Maßnahmen der kurzfristigen Erleichterung können wir Aus-
wirkungen bereits aufgetretener Streßreaktionen mildern und

Streßspitzen kappen. Maßnahmen der kurzfristigen Erleichterung sind sinnvoll, wenn man

- die Ursache einer Belastung nicht verändern will oder kann
- sich in einer akuten Streßsituation befindet und einen kühlen Kopf wiedergewinnen will
- bemerkt, daß die eigene Erregung zu hoch ist und man sie senken möchte
- einen Aufschaukelungsprozeß vermeiden möchte.

Das sogenannte Gelassenheitsgebet beschreibt kurz und treffend das ideale Verhältnis von langfristiger Bewältigung und kurzfristiger Erleichterung (aus einer englischen Fassung des deutsch-amerikanischen Theologen Reinhold Niebuhr von dem Kieler Pädagogen Theodor Wilhelm unter dem Pseudonym Friedrich Oetinger ins Deutsche übernommen):

„Gebe Gott mir die Gelassenheit, Dinge hinzunehmen, die ich nicht ändern kann (= Veränderung der persönlichen Wahrnehmung); den Mut, Dinge zu ändern, die ich ändern kann (= langfristige Bewältigung der Stressoren), und die Weisheit, das eine vom anderen zu unterscheiden" (= Streßdiagnostik).

Was heißt Gelassenheit? Gelassenheit besteht nach einem unveröffentlichten Konzept von Gassner aus den Faktoren „Gleichmut" und „Zuversicht". Abbildung 7 veranschaulicht das Konzept.

Von links nach rechts nimmt die Wichtigkeit ab (Gleichmut). Von unten nach oben wird eine Lösung des Problems aussichtsreicher (Zuversicht). Ein Problem liegt vor, wenn eine Sache wichtig und wenig aussichtsreich erscheint. Erscheint ein Sachverhalt hingegen unwichtig und die Bewältigung aussichtsreich, sind wir gelassen. Für die Faktoren „Gleichmut" und „Zuversicht" heißt das: Je unwichtiger eine Sache ist, desto gleichgültiger stehen wir ihr gegenüber, je aussichtsreicher unsere Anstrengungen sind, desto mehr engagieren wir uns. Gleichmut führt zum Akzeptieren von Dingen, Engagement und Anstrengung führen zur Änderung von Dingen. Je nach Sachverhalt kann Ändern oder Akzeptieren erfolgreicher sein. Gelassenheit erreicht man auf einem Mittelweg bedingten Änderns und Akzeptierens der Dinge.

Abbildung 7

Gleichmut und Zuversicht als Bestimmungsfaktoren für Gelassenheit

Beispiel: Herr Damm ist Sachbearbeiter im Vertrieb einer Versicherung, seine direkte Vorgesetzte ist Frau Scholz. Frau Scholz wird in einem Jahr in den Außendienst wechseln, und Herr Damm hofft, Nachfolger von Frau Scholz zu werden. Allerdings weiß er, daß er erst kurz im Sachgebiet ist und ihm noch wichtige Kompetenzen für die Position des Sachgebietsleiters fehlen. Wenn er sein Ziel erreichen will, muß sich Herr Damm anstrengen. Das ist so lange sinnvoll, wie er seine Chancen durch Anstrengung verbessern kann. Grundhaltung: Dinge durch Engagement ändern.

Ist hingegen bereits sicher, daß ein anderer Mitarbeiter Frau Scholz nachfolgen wird, ist es für Herrn Damm sinnvoll, das Ziel durch „Inneres Distanzieren" zu relativieren. Zum Beispiel: „Dann

wird es eben später was, jetzt hätte es mir privat eh nicht ge-
paßt." Grundhaltung: Dinge durch „gleichgültigeres" Betrachten
akzeptieren lernen.

Ansatzpunkte zur Streßbewältigung

Effektive Streßbewältigung kann ansetzen: bei den Stressoren,
beim Menschen selbst oder bei der Erregung, die durch Stressoren ausgelöst wurde (vgl. S-O-R-Modell in Abbildung 2).

Die Zahl der Stressoren kann verringert werden, indem man einige ausschaltet oder reduziert. Man kann sich selbst durch langfristige Streßbewältigungsmethoden stabiler machen, indem man
die Belastbarkeit durch aktive Entspannung erhöht, positives
Verhalten aufbaut (Fähigkeiten) oder die Bewertung der Streßsituation verändert. Auch wenn weder Stressor noch eigene Persönlichkeit beeinflußt werden können, gibt es Techniken der
kurzfristigen Erleichterung, die die Streßreaktion so beeinflussen,
daß Erregungsspitzen gekappt werden und ein Aufschaukeln
verhindert wird, zum Beispiel durch Umbewerten der Situation.
Einige Streßbewältigungsstrategien wirken kurzfristig streßredu-
zierend, langfristig aber streßerhöhend, wie beispielsweise Ver-
meidung und Bagatellisierung (Janke/Erdmann/Kallus, 1985).

In Übersicht 2 sind Beispiele für mögliche Streßbewältigungsstrategien aufgelistet.

Übersicht 2
Streßbewältigungsstrategien

Kurzfristige Erleichterung	Langfristige Erleichterung
Spontane Entspannung	Systematische Entspannung
Ablenkung	Zeitmanagement
Positive Selbstinstruktion	Soziale Kontakte
Abreaktion	Einstellungsänderung
Gedankenstopp	Fertigkeiten verbessern

(nach Wagner-Link, 1996)

40

Stressoren bewältigen heißt, streßauslösende Bedingungen zu verändern, zum Beispiel Probleme zu lösen, ungerechtfertigte Kritik zurückzuweisen, Gespräche mit Konfliktpartnern zu führen, Arbeit zu delegieren etc. Unter Streß unterlaufen vielen Menschen immer wieder dieselben Fehler. Haben Sie schon einmal bemerkt, daß Sie unter Streß in gewohnte Verhaltensmuster zurückfallen? Lassen Sie sich nicht entmutigen! Der Übungseffekt in konkreten Situationen führt langfristig zum Erfolg.

Entspannung

Psychosomatische Störungen sind häufig Folgen anhaltender seelischer Beanspruchungen. Der Körper verliert seine Balance. Dem kann man entgegenwirken: In Phasen nervlicher Anspannung braucht man mehr Entspannung als sonst. Daher kommt es darauf an, Entspannungstechniken systematisch einzuüben und gezielt anzuwenden.

Ist das Gleichgewicht von Anspannung und Entspannung erst einmal gestört, muß man die Fähigkeit zu wirksamer Entspannung wiedererlernen. Die Entspannungsreaktion muß systematisch herbeigeführt werden. Dies gelingt am besten durch Entspannungstechniken, die man täglich übt.

Es gibt eine Vielzahl von Entspannungsverfahren. Alle bedürfen der Übung. Zu den bekannteren gehören die progressive Muskelentspannung, das autogene Training und die Atementspannung. Jedes Verfahren braucht ein Objekt, auf das man sich während der Übung konzentriert. Im Fall der progressiven Muskelentspannung sind das die Muskeln, bei anderen Verfahren die Atmung etc. Alle Entspannungsverfahren auszuprobieren stößt an Grenzen der Praktikabilität, abgesehen von der mangelnden Seriosität einiger Verfahren. Deshalb stellen wir nur die gängigsten und soliden Verfahren vor. Unsere Prüffragen für die Auswahl sind in Anlehnung an Gerlach/Gerlach (1995):

– Ist die Technik ideologiefrei?

– Ist die Technik einfach und praktikabel?

Im Anhang befinden sich Anleitungen zum eigenständigen Üben der progressiven Muskelentspannung, des autogenen Trainings sowie einer Atemtechnik.

Regelmäßige Entspannungsübungen steigern das Wohlbefinden. Diese Erkenntnis ist manchen Menschen nur schwer zu vermitteln, mitunter wird sie sogar bestritten. Gründe für die Ablehnung sind (Gerlach/Gerlach, 1995):

– Entspannung bedeutet das Aufgeben bewußter Kontrolle über sich selbst und eine Veränderung des normalen Bewußtseinszustandes. Das ist, sofern die Bewußtseinsänderung nicht zum Schlaf führt, vielen Menschen zutiefst suspekt.

– Massive Werbung im esoterischen Medienbereich für nicht geprüfte Entspannungstechniken; darunter leiden auch die seriösen Verfahren.

Über die Entspannungsverfahren hinaus gilt es, Einseitigkeit im Alltag aufzuspüren und durch eine Gegenstrategie auszugleichen. Wer eine überwiegend sitzende Tätigkeit ausübt, braucht den körperlichen Ausgleich durch Sport und Bewegung. Wer täglich dem Diktat seines Terminkalenders unterworfen ist, sollte versuchen, Urlaub und Freizeit von weiteren Zwängen freizuhalten.

Auch tut man gut daran, sich einmal mit dem Anteil selbstverursachten Stresses auseinanderzusetzen. Vor allem ein Wort ist es, das beruflich wie privat Streß hervorruft: „möglichst!" Möglichst viel, möglichst oft, möglichst schnell: das sind innere Vorschriften, die seelisch und körperlich Raubbau an uns treiben. Aus „möglichst viel!" wird unbemerkt ein Zuviel, das „möglichst schnell!" verfestigt sich zu Unruhe und Hektik. Nun kann man auf das Wort „möglichst" oft nicht verzichten, gerade im beruflichen Bereich. Um so wichtiger ist es, sich privat einen Freiraum zu schaffen.

Systematische Entspannungsübungen führen:

– zu einer Senkung des Erregungsniveaus

– zu einer Erhöhung der Belastbarkeit

– zum Abbau bereits bestehender psychosomatischer Beschwerden.

Kontraindikationen bei Atementspannung sind nach Olschewski (1995b) Asthmaanfall, akutes Muskelrheuma, akute Arthritiden, akute Migräne, schwere Herz-Kreislauf-Erkrankungen, bestimmte Neuroseformen. Diese Einschränkungen sollten auch bei den anderen Entspannungstechniken beachtet werden. Generell gilt für alle Entspannungsverfahren, was Langen (1994) zu Beginn seines Buches sinngemäß zum autogenen Training schreibt: Sollten Sie sich in ärztlicher Behandlung befinden, sprechen Sie mit Ihrem Arzt, bevor Sie mit einem Entspannungsverfahren beginnen.

Negative Selbsteinschätzung

Eine negative Selbstwerteinschätzung führt oft zu psychischen und psychosomatischen Störungen. Gestörtes Selbstwertgefühl bezeichnet Lückert knapp und einprägsam als LAU-Syndrom (Lückert, o.J.).

– Emotionale **L**abilität: Solche Menschen werden durch emotionale Überempfindlichkeit in beruflichen oder familiären Belastungen rasch aus dem Gleichgewicht gebracht.

– Erhöhte **A**ngst- und Streßbereitschaft: Schon bei alltäglichen Frustrationen und Belastungen geraten solche Menschen in Erregung und entwickeln Befürchtungs- und Bedrohungsvorstellungen.

– **U**nsicherheit: Solche Menschen sind in ihrer Lebensführung unsicher. Sie verzögern fällige Entscheidungen, weichen Verantwortung aus und haben nur eine geringe Bereitschaft, sich für eine Sache zu engagieren.

Die Qualität des Selbstwertgefühls hängt davon ab, wie Menschen ihre Handlungen und die Handlungsfolgen erklären. Menschen mit hohem Selbstwertgefühl sind sogenannte Erfolgserwarter. Sie unterscheiden sich in der Suche nach Ursachen eigenen Verhaltens deutlich von den Mißerfolgserwartern (Hoberg/Vollmer, 1988). Handlungen können auf vier Ursachen zurückgeführt werden: **Fähigkeit, Anstrengung, Schwierigkeit der Aufgaben** und **Zufall.** Im folgenden Schema (Übersicht 3) werden diese Ursachen anhand zweier Dimensionen geordnet:

– Stabilität versus Variabilität   – Internalität versus Externalität.

Übersicht 3

**Unterschied zwischen Erfolgserwartern
und Mißerfolgserwartern**

	internal: in der Person liegend	external: in der Situation liegend
stabil	**Begabung**	**Aufgabenschwierigkeit**
variabel	**Anstrengung**	**Zufall**

Begabung und Anstrengung sind Merkmale der Person, sogenannte interne Faktoren. Begabung ist über die Zeit stabil,
während die Anstrengung variieren kann; je nach Situation kann
man sich mehr oder weniger anstrengen. Aufgabenschwierigkeit
und Zufall (Glück/Pech) hängen von der Situation ab, von exter-
nalen Faktoren. Die Schwierigkeit einer Aufgabe bleibt stabil,
Zufallsfaktoren sind variabel.

Angenommen, jemand ist durch eine Prüfung gefallen, so hat er
folgende Möglichkeiten, den Mißerfolg zu erklären:

− Begabung: „Mir fehlen wichtige Fähigkeiten, ich war überfordert."

− Aufgabenschwierigkeit: „Die Aufgaben waren in der kurzen
  Zeit einfach nicht zu schaffen."

− Anstrengung: „Ich habe mich heute nicht genug angestrengt.
  Das Thema hat mich nicht interessiert."

− Zufall: „Ich hatte einfach Pech."

Je nach Zuschreibung des Erfolges/Mißerfolges hat das andere
Konsequenzen für das Selbstbewußtsein. Erfolgserwarter gehen mit Handlungsfolgen so um:

− Erfolge werden der eigenen Leistungsfähigkeit zugeschrieben.

− Mißerfolge werden auf mangelnde Anstrengung, selten auf
  schwierige Aufgaben geschoben.

Erfolge machen Erfolgserwarter noch sicherer: Der Erfolg beruht
auf der eigenen Leistung. Mißerfolge überwinden Erfolgserwar-

ter leicht oder sehen sich nicht dafür verantwortlich. Ganz anders die Mißerfolgserwarter. Handlungsfolgen erklären sie so:

– Für Erfolge wird der Zufall verantwortlich gemacht; Glück gehabt.

– Mißerfolge werden mangelnder Begabung zugeschrieben.

Dadurch tendieren Mißerfolgserwarter dazu, ihre negative Selbsteinschätzung zu bestätigen. Über Erfolge können sie sich nicht freuen, Mißerfolge bestätigen die eigene Unzulänglichkeit. Für die Zukunft rechnen sie mit weiteren Mißerfolgen. Ihr Vertrauen in die eigene Leistungskompetenz ist gering. Aus diesen Gründen führt mangelndes Selbstwertgefühl häufig zu Streßanfälligkeit. Situationen, die Erfolgserwarter gelassen oder freudig angehen, lösen bei Mißerfolgserwartern Angst und damit die Streßreaktion aus.

Methoden

Einstellung ändern

Eine wichtige Ursache für Streß liegt in uns selbst. Unsere Gedanken, Erwartungen und Einstellungen beeinflussen die Bewertung unserer Umwelt. Hinterfragen wir die Bewertung von Streßsituationen, so erkennen wir die zugrundeliegenden Einstellungen. Häufig stellen wir fest, daß diese Bewertungsmuster die Bewältigung der Situation hemmen und für die Streßentstehung mitverantwortlich sind. Typische selbstschädigende Bewertungen sind (Wagner-Link, 1996):

– Man glaubt eine Situation nicht bewältigen zu können, obwohl man das objektiv könnte.

– Man ist überzeugt, daß es immer eine perfekte Lösung gibt, und ist mit einer guten nicht zufrieden.

– Anforderungen werden übersteigert. Wenn man wegen eines Staus zu spät zu einer wichtigen Besprechung kommt, ist das unangenehm, möglicherweise ärgerlich, aber eine Katastrophe ist es nicht. Eine hilfreiche Kontrollfrage lautet: „Werde ich mich in einem Jahr noch an das Ereignis erinnern?"

Wenn nicht, lohnt es sich auch heute nicht, sich darüber aufzuregen.

– Man malt schwarzweiß: „Alle sind gegen mich!" oder „Niemand hilft mir!" Das stimmt selten. Möglicherweise sind viele gegen mich, aber nicht alle. Es ist zutreffender, **oft** zu sagen statt **immer, selten** statt **nie, viele** statt **alle, wahrscheinlich** statt **sicher.**

Ein übersteigertes Anspruchsniveau erzeugt Streß. Fordern wir zuviel von uns, nimmt der Aufwand, ein Ziel zu erreichen, stark zu; Mißerfolge häufen sich. Ein mittleres Anspruchsniveau bewährt sich eher, es hat mehr Realitätsbezug. Überprüfen Sie von Zeit zu Zeit, ob Ihr Anspruchsniveau, Ihre Fähigkeiten und Ihre Belastbarkeit zusammenpassen. Liegen große Abweichungen vor, wird das zu Dauerstreß führen. Je nach Fall können Sie zur Abhilfe (Wagner-Link, 1996)

– Fähigkeiten und Fertigkeiten ausbauen

– die Belastbarkeit erhöhen

– das Anspruchsniveau senken

– neue Lebensziele entwickeln.

Die Änderung der Einstellung ist besonders sinnvoll, wenn (Wagner-Link, 1996)

– die streßauslösende Situation derzeit nicht beeinflußt werden kann und durch eine Umbewertung erträglich wird

– die Einstellung selbst Streß produziert.

Fügen Sie sich selbst Streß zu? Prüfen Sie das mit folgender Checkliste:

Selbsteinschätzung „Selbsterzeugter Streß"

	stimmt	stimmt nicht
Ich werde leicht ungeduldig, mir geht vieles zu langsam.	☐	☐
Ich reagiere häufig gereizt, wenn etwas nicht so läuft, wie ich es mir vorgestellt habe.	☐	☐
Ich ärgere mich oft über Kleinigkeiten.	☐	☐
Ich darf mir keine Blöße geben, weil andere dies ausnützen würden.	☐	☐
Ich muß unbedingt besser sein als die anderen.	☐	☐
Ich habe Angst davor, Fehler zu machen.	☐	☐
Ich bin unzufrieden, weil sich berufliche Erwartungen nicht erfüllen.	☐	☐
Bei mir hat sich in letzter Zeit einiges an Ärger angestaut.	☐	☐

(Blankenstein et al.)

Je öfter Sie „stimmt" angekreuzt haben, desto stärker erzeugen Sie bei sich selbst Streß und desto hilfreicher ist eine Einstellungsänderung für Sie.

Ärger und Streß werden häufig (nicht **immer**) durch eigene **unbedingte Erwartungen** erzeugt. Wir haben feste Vorstellungen, wie etwas zu sein hat, und ärgern oder ängstigen uns, wenn andere oder wir selbst diesen Vorstellungen nicht entsprechen. So meinen wir, daß Vorgesetzte, Mitarbeiter und Kollegen **unbedingt immer** höflich und entgegenkommend zu sein haben. Wenn sie es einmal nicht sind, aus welchen Gründen auch immer, ärgert uns das. Viele Menschen sind darauf fixiert, bei nächster Gelegenheit **unbedingt** auf der Karriereleiter einen Schritt weiterkommen zu müssen. Sie sind enttäuscht oder verärgert, wenn dieser Schritt ausbleibt. Viele Menschen meinen, sie müßten **unbedingt alles** richtig machen, sei es in Prüfungssituationen oder bei einem Vortrag. Das geht nicht, sie werden dem überhöhten Anspruch nicht gerecht und entwickeln Angst. Wer **unbedingt** meint, in einem Vortrag alles perfekt machen zu müssen, und doch genau weiß, daß er diesem überhöhten Anspruch nicht gerecht wird, wird Sprechangst entwickeln, er wird angespannt und verkrampft sein (Schuh/Watzke, 1994).

Unbedingte Ansprüche, Erwartungen und Vorstellungen sind verantwortlich für häufigen und teilweise unnötigen Ärger sowie für überflüssige Ängste. Unbedingte Erwartungen wirken sich destruktiv aus. Sie äußern sich oft in Leitsätzen, die Streß erzeugen und krank machen können. Nachfolgend sind einige Beispiele aufgelistet (Wagner-Link, 1996; Gerlach/Gerlach, 1995):

- Starke Menschen brauchen keine Hilfe.
- Keiner hat das Recht, mich zu kritisieren.
- Ich muß besser sein als alle anderen.
- Ich darf keine Fehler machen.
- Ich habe immer Pech.
- Ich bin völlig unfähig, ich versage immer.
- Ich werde es nie schaffen, mich zu ändern.
- Nur wenn ich absolut sicher bin, kann ich Entscheidungen treffen.
- Es ist wichtig, daß mich alle akzeptieren.
- Ich muß zu allen freundlich sein, alle sollen mich mögen.
- Auf mich muß immer Verlaß sein, damit ich niemanden enttäusche.
- Es gibt immer eine perfekte Lösung.
- Ich muß mich für meine Arbeit ganz und gar aufopfern.
- Je weniger ich offen von mir zeige, desto besser.
- Es ist wichtig, immer recht zu haben.
- Probleme verschwinden, wenn man ihnen nur lange genug aus dem Weg geht.
- Man kann sich auf niemanden verlassen.

- Ich kann sowieso nichts ändern.
- Die Welt muß absolut gerecht sein.

Schauen wir die unbedingten Erwartungen durch, so fällt auf, daß folgende Kategorien besonders häufig vertreten sind: Selbstverurteilungen (Ich bin völlig unfähig), überhöhte Forderungen an sich selbst (Ich darf keine Fehler machen), Schwarzmalerei und Hilflosigkeit (Ich habe immer Pech) und Selbstzweifel (Ich kann sowieso nichts ändern).

Abhilfe schaffen durch **bedingte Erlauber:** Die Erfahrung zeigt, daß Wunsch und Wirklichkeit bis zu einem bestimmten Grad immer auseinanderklaffen. Die Realität fügt sich nicht **unbedingt** unseren Erwartungen.

Was andere Menschen tun oder nicht tun, entspricht oft nicht unseren Erwartungen. Auch unser Verhalten muß nicht immer den Vorstellungen anderer entsprechen (Schuh/Watzke, 1994). Zwar können wir auf vieles hinwirken, einiges sogar verändern, einen Großteil werden wir jedoch hinnehmen müssen. Die Kunst ist, die Grenze zwischen Akzeptieren und Verändern zu finden; so vermeiden wir unnötigen Streß. Dabei helfen **bedingte Erlauber:** Andere dürfen auch mal kurz angebunden sein, wenn sie zum Beispiel einen harten Arbeitstag hinter sich haben – kein Grund, sich zu ärgern. Der nächste Schritt auf der Karriereleiter muß nicht unbedingt demnächst erfolgen, wenn zum Beispiel die derzeitige Aufgabe interessant genug ist. Ein Mitarbeiter darf auch mal einen Fehler machen, wenn er sonst gute Arbeit leistet. Der Anspruch an die eigene Leistung braucht nicht derart hoch zu sein, daß man sich jede Schwäche und jeden Fehler strikt verbietet. Sehr knapp drückte dies Ebner-Eschenbach (1830 bis 1916) aus: „Die Gelassenheit ist eine anmutige Form des Selbstbewußtseins."

Man mag es Gelassenheit, Bescheidenheit, Klugheit, Pragmatismus oder gar Weisheit nennen: Die Realität unter bestimmten Voraussetzungen hinzunehmen senkt Ärger und Ängste auf ein erträgliches oder sogar produktives Maß. Das Arbeitsblatt „Bedingte Erlauber" im Anhang soll Ihnen dabei helfen.

Wie können wir unsere Einstellung in diese Richtung ändern? Erfolgversprechend ist ein mehrstufiges Vorgehen (Wagner-Link, 1996):

1. Belastende Einstellung erkennen   3. Denken verändern

2. Realität prüfen   4. Verhalten ändern.

Mögliche Vorgehensweisen zum Erkennen der belastenden Einstellung (Punkt 1) sind:

– Konkrete Streßsituation objektiv beschreiben, ohne Bewertung und Interpretation.

– Eigene Bewertung kritisch betrachten, wie erlebe ich die Situation, was schießt mir durch den Kopf, worauf achte ich, was fühle ich?

– Mit guten Freunden sprechen: Wie siehst Du mich? Womit mache ich mir aus Deiner Sicht das Leben schwer?

– Beobachten, wie andere mit ähnlichen Situationen umgehen.

Welchen Schaden eine Einstellung anrichtet, hängt von ihrem Realitätsbezug ab und von den Konsequenzen, zu denen sie führen kann. Dazu wird geprüft, ob die streßerzeugende Einstellung realistisch ist (Punkt 2). Hilfreiche Fragen sind zum Beispiel:

– Habe ich zu hohe oder falsche Erwartungen?

– Führe ich durch meine Befürchtungen unangenehme Situationen erst herbei?

– Schreibe ich meine Probleme anderen zu?

– Dramatisiere und übertreibe ich?

– Was würde ein anderer zu meiner Einstellung sagen?

Dann werden mögliche Konsequenzen der Einstellung festgestellt. Beispiel: Die Einstellung „Starke Menschen brauchen keine Hilfe" kann dazu führen, daß man

- selbst wenn man Hilfe bräuchte, keine sucht

- sich überfordert

- zu schlechteren Ergebnissen kommt, weil man keine Tips von anderen bekommt.

Kurzfristig positive Folgen, die diese Einstellung aufrechterhalten, können sein: Man muß Schwächen nicht zugeben und vermeidet damit Angst, man kann unerwünschte Kontakte vermeiden und muß sich nicht verändern – das ist bequem.

Beispiel: Die Einstellung „Sei perfekt!" führt dazu, daß man sich ständig unter Druck fühlt, alles bis ins letzte Detail gründlich zu erledigen. Das führt zu langen Arbeitszeiten und übertriebener Perfektion.

Veränderung des Denkens (Punkt 3) heißt Überwinden streßauslösender Denkmuster und Einstellungen. Wenig hilfreich ist es, sich etwas einzureden, was man nicht glaubt. Nur Überzeugung führt zu einer dauerhaften Änderung des Denkstils. Das Erarbeiten neuer Überzeugungen und Bewertungen kann dort ansetzen, wo eine alte Einstellung offensichtlich falsch ist. Hilfreiche Fragen (Wagner-Link, 1996) sind:

- Gibt es einen Beweis, daß meine Einstellung immer richtig ist?

- Wie könnte ich die Situation anders betrachten?

- Welche Tips könnte mir ein neutraler Beobachter geben?

- Was spricht für die neue Einstellung?

- Welche anderen Aspekte sind noch wichtig?

- Was werde ich später darüber denken, nach einem Tag, einem Monat, einem Jahr?

Der Psychologe Ellis hat irrationale Annahmen beschrieben, die weit verbreitet sind und die uns verleiten, Katastrophen zu sehen, wo keine sind. Das führt dazu, daß man sich als nutzlos oder unwürdig empfindet. Solche irrationale Annahmen sind zum Beispiel:

- Ich muß von jeder Person in meinem Umfeld geliebt und akzeptiert werden.

- Ich muß unter allen möglichen Bedingungen kompetent und erfolgreich sein.

- Ich muß mich und andere für Fehler streng tadeln. Dann werden Fehler künftig vermieden.

- Es ist leichter für mich, Schwierigkeiten auszuweichen als ihnen zu begegnen.

- Wer mir Unrecht tut, muß schlecht und böse sein. Er muß bestraft werden.

- Ich kann mein Leben nicht aktiv gestalten und sollte mich deshalb immer nach anderen, Mächtigen, richten.

Sollten Sie bei sich diese oder ähnliche „Glaubenssätze" entdecken, ändern Sie diese! Das Übungsblatt „Überwindung irrationaler Glaubenssätze" (Anhang) gibt Hilfestellungen.

Eine Umbewertung von Situationen führt erst nach einigem Training zu neuem Verhalten (Punkt 4). Das ist normal. Geben Sie nicht auf, wenn Sie Ihre Einstellung nicht sofort in Verhalten umsetzen können. Um Sie bei diesem Prozeß zu unterstützen, werden Ihnen in den folgenden Abschnitten Wege der Verhaltensänderung aufgezeigt.

Verhalten ändern

In der psychologischen Forschung und Praxis hat sich immer wieder gezeigt, daß es leichter ist, seine Fehler zu erkennen als sein Verhalten zu ändern. Zwar ist Einsicht der erste Schritt zur Besserung, es müssen aber noch weitere Schritte folgen. Der wichtigste ist die Umsetzung der Einsicht in konkretes Verhalten.

Verhaltensänderungen sind schwieriger, als es auf den ersten Blick scheint, weil die aktuellen Verhaltensweisen Ergebnisse langjähriger Erfahrungen sind. Gewohnheiten haben sich eingeschliffen und lassen sich nur schwer wieder ändern. Man muß sich „entwöhnen" und andere Gewohnheiten aufbauen. Das ist frustrierend, weil man immer wieder in die alten Gewohnheiten zurückfällt, ganz besonders unter Streß.

Für nachhaltige Verhaltensänderungen sind vier Punkte wichtig:
- Wie stelle ich Ziele für eine Verhaltensänderung auf?
- Wie beobachte ich mich selbst?
- Wie plane ich Verhaltensänderungen?
- Wie halte ich die Änderungspläne durch?

Wie stelle ich Ziele der Verhaltensänderung auf? Nehmen Sie sich zunächst Streßbereiche vor, in denen Veränderungen eher leicht zu erreichen sind – gehen Sie die schwierigeren Bereiche später an. Versuchen Sie nicht, Ihre gesamte Persönlichkeit zu ändern. Das ist nicht erreichbar. Formulieren Sie die Ziele Ihrer Verhaltensänderung konkret. Nicht „Ich möchte gerne selbstbewußter werden", sondern: „Bei Besprechungen lasse ich mich nicht unterbrechen und führe einen Punkt ausführlich mit Bezug auf meine Fachkompetenz aus." Tragen Sie Ihre Ziele in das Arbeitsblatt: „Ziele formulieren" im Anhang ein. Verwenden Sie dazu auch Ihre Anworten, die Sie in den Fragebögen zur Streßdiagnostik 1 bis 4 (siehe Anhang) vermerkt haben.

Wie beobachtet man sich am besten selbst? Gehen Sie nach folgender Checkliste vor:

- Neutral registrieren, wie Sie sich verhalten – nicht moralisieren. Beobachten Sie sich ohne erhobenen Zeigefinger.

- Nur Verhalten beobachten. Versuchen Sie nicht, Persönlichkeitseigenschaften zu beobachten.

- Kleine Beobachtungseinheiten wählen. Achten Sie beispielsweise darauf, wie oft Sie sich unterbrechen lassen, wie oft Sie Ihre Sachkompetenz zeigen und Ihre Bedenken klar äußern. Versuchen Sie nicht, abstrakte Bereiche wie „Selbstsicherheit" zu beobachten.

- Über einen bestimmten Zeitraum beobachten; Faustregel: zwei Wochen.

– Genau feststellen, unter welchen Bedingungen es zu einem bestimmten Verhalten kommt. In welchen Situationen treten diejenigen Verhaltensweisen auf, die Sie ändern wollen?

Als Hilfestellung finden Sie im Anhang einen Vordruck für ein Tagesprotokoll. Sie können es in verschiedener Weise nutzen:

– um einzutragen, wie es Ihnen in bestimmten Situationen geht

– um zu beschreiben, wann das Verhalten, das Sie ändern wollen, schon richtig oder wann es noch falsch auftritt

– um zu beschreiben, wie effizient Ihr Tagesablauf ist.

Wie plane ich Verhaltensänderungen? Suchen Sie sich von den Veränderungen, die Sie im Arbeitsblatt: „Ziele formulieren" (siehe Anhang) eingetragen haben, diejenigen aus, die am einfachsten zu erreichen sind. Versuchen Sie zunächst, diese zu erreichen. Legen Sie Zwischenziele fest, und legen Sie fest, in welcher Reihenfolge Sie die Zwischenziele erreichen wollen. Überlegen Sie dann, welche Hindernisse Sie auf dem Weg zu den Zwischenzielen überwinden müssen. Legen Sie für jedes Hindernis konkrete Gegenmaßnahmen fest. Planen Sie für die einzelnen Schritte genügend Zeit ein. Wenn Sie das erste Zwischenziel erreicht haben, gönnen Sie sich etwas Besonderes: Gehen Sie aus, tun Sie etwas, was Ihnen Spaß macht. Seien Sie nett zu sich. Dann nehmen Sie sich das nächste Zwischenziel vor. Auch hier wieder: Nicht zuviel auf einmal! Wirklicher Fortschritt vollzieht sich im Schneckentempo. Das wichtigste Prinzip der Verhaltensänderung lautet: Bauen Sie Ihr Programm langsam auf. Versuchen Sie nicht, alles auf einmal zu ändern.

Faustregel: Kalkulieren Sie die Zeit, die Sie brauchen, und tragen Sie diese in das Arbeitsblatt: „Vertrag mit sich selbst" (siehe Anhang) ein. Verdoppeln Sie diese Zeit. Das ist nun die Frist, die Sie sich zur Verhaltensänderung setzen.

Wie halte ich die Änderungspläne durch? Immer wieder gibt es etwas anderes, scheinbar Dringenderes zu tun. Man erreicht sein Ziel nicht gleich und möchte aufgeben. Deshalb ein Vorschlag: Schließen Sie einen Vertrag mit sich selbst oder einem

Freund oder dem Partner/der Partnerin. Dieser Vertrag enthält drei Elemente:

– das Ziel

– den Plan

– die Sanktion, falls Sie aufgeben.

Die Sanktion besteht darin, daß Sie eine bestimmte Strafe auf sich nehmen, wenn Sie ihr Programm vorzeitig aufgeben oder sich nicht richtig daran halten. Diese Strafe sollte unangenehm sein, sonst funktioniert es nicht. Vereinbaren Sie zum Beispiel bei Vertragsbruch, jemanden einzuladen, den Sie überhaupt nicht ausstehen können, oder legen Sie eine Geldzahlung fest, zum Beispiel an eine Organisation, die Sie nicht mögen. Deponieren Sie den vereinbarten Betrag bei Ihrem Partner oder einer anderen Person Ihres Vertrauens, und benutzen Sie dieses Geld dann, wenn Sie den Vertrag einhalten, um sich etwas zu gönnen. Ein Vertragsmuster liegt im Anhang bei.

Zeitmanagement

„Managerkrankheit ist eine Epidemie, die durch den Uhrzeiger hervorgerufen und durch den Terminkalender übertragen wird." (John Steinbeck)

Mehr Zeit haben: für sich, für andere, um zu leben. Die Zeit besser nutzen, ausschöpfen, nicht verschwenden, bis zur letzten Minute auskosten. Wenn wir so über Zeit reden, tun wir, als ob sie unser Besitz wäre. Ein Besitz, den wir nach Belieben vergrößern können. Wer die Stunden und Minuten im Griff hat, der holt das meiste heraus – aus seiner Berufszeit wie aus seiner Freizeit. Weil wir dies glauben, setzen wir große Hoffnung in Zeitplaner, nett in Leder gebunden oder prestigeträchtig als Taschen-PC. Die Zeitplaner sollen uns helfen, mehr Ordnung und mehr Zeit in unsere Zeit zu bringen. Indes, mehr Zeit bringt die beste Planung nicht, selbst perfekt geordnete Termine verschaffen uns keinen Zeitreichtum. Das Gefühl des Gehetztseins bleibt, auch in der Freizeit (Roming, 1998). Die Armbanduhr wird zur Handschelle.

Macht es Sie nervös, für das Wochenende keinen Plan zu haben? „Samstag: 10 bis 12 Uhr Friseur, 13 bis 15 Uhr Wohnung putzen, 16 bis 18 Uhr Kaffeeklatsch, 20 Uhr Konzert etc." Wenn Sie so planen und Ihren Zeitplaner privat ständig mitschleppen, sind Sie schon in die Falle getappt. Leben ist dann das, was passiert, während Sie Zeitplanung betreiben und Termine abarbeiten. Die Ansprüche der Freizeitwilligen steigen, finanziell und ideell. Gut ist nur noch, was Prestige verspricht. In Zeiten hoher Individualisierung steht viel auf dem Spiel (Krumpholz-Reichel, 1998): Wer Freizeit sagt, meint Lebensstil – die Entfaltung der Persönlichkeit am Ende des Arbeitstages. Das ist anstrengend und kostet Zeit.

Was nun? Schmeißen wir die Zeitplaner weg und stampfen all die hübschen Zeitmanagementseminare ein? Nein! Zeitplaner sind nützlich, wenn sie gezielt eingesetzt werden. Gut eingesetzte Zeitplaner lassen uns darüber nachdenken, wieviel Zeit wir für eine Sache einsetzen, sie bringen Klarheit in den Knäuel der Termine und Verpflichtungen. Aber der schönste Zeitplaner nimmt uns das Denken nicht ab, wir müssen selbst entscheiden, ob uns ein Termin die Zeit wert ist, sonst tun andere das für uns. Zeitplanung ist ein Hilfsmittel, kein Zaubertrank. Die folgenden Ausführungen sind ein Plädoyer für den bewußten Umgang mit der Zeit. Dazu müssen wir drei gefährliche Irrtümer im Umgang mit der Zeit meiden (Geißler, 1997) und uns vergegenwärtigen:

– Die Zeit gehört uns nicht. Wir können Zeit nicht besitzen; der Ausdruck „Zeit haben" ist irreführend.

– Zeitmanagement vermehrt unsere Zeit nicht. Zeitmanagement kann aber eine Anleitung zur Selbstbeherrschung sein. Erfolgreiches Zeitmanagement hat allerdings einen üblen Pferdefuß: Wer seine Zeit gut managt, bekommt noch mehr zu tun. Denken Sie an die Redensart: „Wenn Du etwas erledigt haben möchtest, wende Dich an jemanden, der bereits viel zu tun hat."

– Die Erwartung: „Wenn ich die Zeit im Griff habe, habe ich mehr Zeit", stimmt nicht. Zeitmanagement kostet Zeit und muß sich rentieren.

Wenn wir die drei gefährlichsten Irrtümer meiden, kann Zeit-management hilfreich sein, zum Beispiel, um den Zeitdieben auf die Spur zu kommen, die sich mehr nehmen, als ihnen zusteht. Registrieren Sie einige Tage genau, womit sie Ihre Zeit verbrin-gen, wie wichtig das Getane ist und welche Störungen Sie von ihrer Arbeit abhalten. Mögliche Zeitdiebe sind (Wagner-Link, 1996):

– Besprechungen, Konferenzen (zu häufig, zu inhaltsarm)

– (unangemeldete) Besucher

– ständige Telefonanrufe

– überflüssiger Kleinkram

– mangelndes Delegieren

– chaotischer Schreibtisch

– fehlende Prioritäten

– Perfektionismus

– mangelnde Selbstdisziplin

– nicht „Nein" sagen können

– unklare Verantwortungs-abgrenzungen

– fehlende Kontrolle des Arbeitsfortschrittes

– fehlende Information/ Kommunikation.

Das Thema Zeitmanagement füllt ganze Bücherregale und ist Inhalt zahlreicher Seminare; hier werden nur die wichtigsten Tips vorgestellt. Zeit gewinnen heißt Zeitbewußtsein entwickeln, nur ein Ziel auf einmal anstreben, Prioritäten für anstehende Ar-beiten setzen und positive Selbst- und Fremdkontrolle schaffen. Im einzelnen kann dies bedeuten:

– morgens sofort anfangen, nicht rumtrödeln

– Unerledigtes sichtbar machen

– Arbeitsplatz richtig orga-nisieren

– Tages- und Wochenpläne aufstellen

– mit Checklisten arbeiten

– den eigenen Arbeitsrhyth-mus kennen und nutzen

– sich nicht ablenken lassen

– mit Energie haushalten

– abends abschalten, Schluß ist Schluß.

Verwenden Sie zur persönlichen Orientierung den Fragebogen Streßdiagnostik 4 – „Zeitmanagement" im Anhang. Falls Sie den

Bogen noch nicht ausgefüllt haben, tun Sie das bitte jetzt. Der wichtigste Merkpunkt für Zeitmanagement ist: Arbeiten Sie an wichtigen Aufgaben, prüfen Sie kritisch die dringenden. Nicht alles, was dringlich ist, ist auch wichtig. Angenommen, es erreicht Sie plötzlich die Nachricht, daß Sie in einer bestimmten Sache sofort etwas unternehmen müssen, und im nachhinein stellt sich die Sache als unwichtig heraus, so ist das ärgerlich und senkt Ihre Effizienz. Wird Ihr Zeitplan von solch „dringlichen" Angelegenheiten beherrscht, arbeiten Sie nicht, Sie „werden gearbeitet".

Ein Beispiel zum Unterschied von Dringlichkeit und Wichtigkeit (nach de Bono, 1992): Ein junger Mann nahm eine gutbezahlte Arbeit an, bei der er Holz zersägen mußte. Dafür erhielt er einen Akkordlohn, so daß er glaubte, bei harter Arbeit eine Menge Geld verdienen zu können. Am ersten Tag strengte er sich ganz besonders an, und am Ende des Arbeitstages bekam er eine Menge Geld ausbezahlt. Das beflügelte ihn, am zweiten Tag arbeitete er noch härter. Aber am Ende des Tages erhielt er nur noch zwei Drittel des Lohnes vom Vortag. Der junge Mann schloß daraus, möglicherweise doch weniger geschafft zu haben als angenommen. Am dritten Tag schuftete er bis an den Rand der Erschöpfung, aber am Ende des Tages bekam er lediglich die Hälfte des Lohnes vom Vortag. Überzeugt, betrogen worden zu sein, beschwerte er sich beim Vorarbeiter. Dieser zeigte ihm das Ergebnis seiner Leistung – der junge Mann hatte tatsächlich weit weniger Holz zersägt, obwohl er überzeugt war, mit ganzer Kraft gearbeitet zu haben. „Haben Sie auch nur einmal Ihre Arbeit unterbrochen, um Ihre Säge nachzustellen und zu schärfen?" fragte der Vorarbeiter. „Nein", antwortete der junge Mann, „ich habe viel zu angestrengt gearbeitet, um meine Arbeit zu unterbrechen."

Wichtige Aufgaben beziehen sich in aller Regel auf langfristige Ziele, sie können nicht mal eben nebenher erledigt werden. Leider drängen sich die dringlichen Tätigkeiten des täglichen Arbeitsablaufs oft in den Vordergrund. Am Schluß hat man vor lauter Dringlichem keine Zeit für das Wichtige gefunden. Dem beugt Zeitmanagement vor. Zur Umsetzung effizienteren Handelns bietet das Übungsblatt „Zeitmanagement" im Anhang Orientierungshilfen.

Besonders wichtig wird Zeitmanagement, wenn Sie den Eindruck haben, dauernd überlastet zu sein, wenn der Fluch des Unerledigten Sie bis in die Freizeit verfolgt. Prüfen Sie Ihre Belastung mit dem folgenden Fragebogen:

Selbsteinschätzung „Streß durch Überlastung"

	stimmt	stimmt nicht
Mir wächst die Arbeit allmählich über den Kopf.	☐	☐
Ich habe das Gefühl, alles selber machen zu müssen, damit es klappt.	☐	☐
Ich habe an manchen Tagen das Gefühl, daß ich nichts erledigen konnte, was ich mir vorgenommen hatte.	☐	☐
Zu dem, was eigentlich wichtig ist, komme ich gar nicht.	☐	☐
Für mich ist eine Aufgabe erst dann erledigt, wenn ich das Gefühl habe, daß nichts mehr zu verbessern ist.	☐	☐
Mit der normalen Arbeitszeit komme ich bei weitem nicht aus.	☐	☐

(Blankenstein et al.)

Je häufiger Sie „stimmt" angekreuzt haben, desto gewinnbringender ist für Sie ein systematisches Zeitmanagement. Wer das Gefühl hat, mit seiner Zeit nicht auszukommen, wer sich ständig Terminzwängen ausgesetzt sieht, wer spürt, daß ihm die Arbeit über den Kopf wächst, dem ist häufig nicht bewußt: Die Ursache liegt auch in der Einstellung zum Unerledigten. Der Fluch des Unerledigten mündet in ein schlechtes Gewissen. Das Erledigte verschafft uns ein Erfolgsgefühl; wir haben eine Sache erledigt, abgehakt und können sie vergessen. Das Unerledigte hingegen läßt uns nicht los, es belastet uns und erzeugt das beklemmende Gefühl, mit den Dingen nicht fertig zu werden. Gedanken wie „eigentlich müßte ich ...", „eigentlich hätte ich schon längst ..." oder „eigentlich sollte ich noch ..." schleichen sich ein. Das Unerledigte wird zum ständigen Mahner.

Aus der Tageshektik heraus übersieht man oft, daß niemand alles auf einmal erledigen kann, sondern nur eine Sache zur Zeit.

Alles andere muß solange liegenbleiben, ohne daß ein schlechtes Gewissen oder das Gefühl eigenen Unvermögens angebracht wäre. Wichtig ist, Unerledigtes wirksam auszublenden, so daß es nicht bei dem stört, was wir gerade tun.

„In der Beschränkung zeigt sich der Meister" (Goethe). Dieser Gedanke läßt sich auf das Problem der Zeitnot übertragen: Nur durch konsequente Beschränkung auf das Wesentliche läßt sich Zeitnot meistern.

Um das Notwendige erledigen zu können, muß man sich des Unnötigen mit kalkuliertem Risiko entledigen. Folgende Faustregeln helfen dabei:

– Vorlieben zurückstellen: In der Regel ist im Arbeitsalltag Angenehmes eher unwichtig und Wichtiges eher unangenehm. Allzu menschlich ist es, Angenehmes vorzuziehen. Hinzu tritt die Neigung, sich mit angenehmen Dingen länger als notwendig zu befassen. Auf solche Weise gerät man in eine Zeitfalle. Deshalb: das notwendige Unangenehme sofort erledigen – und auf das angenehme Unnötige verzichten.

– Delegieren: Man kann nicht alles selbst tun. Wer versäumt zu delegieren, wird über kurz oder lang unter Zeitnot und Arbeitsüberlastung leiden. Deshalb: konsequent delegieren.

– Wiedervorlage-System: Vieles muß oder kann nicht sofort erledigt werden. Es muß zunächst unerledigt bleiben. Dieses Unerledigte darf uns jedoch nicht bei dem belasten, was wir gerade tun. Deshalb: Was noch Zeit hat, auf Termin legen. Ein funktionierendes Wiedervorlage-System und ein Terminkalender helfen, das Unerledigte vorübergehend ohne schlechtes Gewissen zu vergessen.

– Vorsicht vor übertriebener Perfektion: Perfektion ist sinnvoll, sofern sie sachlich geboten ist. Häufig jedoch ist Perfektion nicht sachdienlich, weil sie überproportional Zeit und damit Geld kostet. Einen solchen Ruf hatte die maschinenbauende Industrie Deutschlands beispielsweise Ende der achtziger Jahre. Es kursierte folgendes Bonmot: Wenn man bei einem deutschen Ingenieur eine Sackkarre bestellt, um 50 kg Sand zu transportieren, liefert er einen geländegängigen Sportflitzer mit einer Höchstgeschwindigkeit von 300 km/h, einer Zuladung von 20 Tonnen und einer Lebensdauer von 30 Jahren. Leider kostet das Wundergefährt 400 000 DM und schluckt 30 Liter Benzin auf 100 Kilometer. Ziel erreicht? Ja, man kann auch 50 kg Sand mit dem Gefährt transportieren, aber mit welchem Aufwand; deshalb: nur soviel Perfektion wie nötig!

– Mut zum „Nein": Gefordert ist der Mut zum „Das nicht" (anderes ist wichtiger), „Jetzt nicht" (das kommt erst später dran), „Ich nicht" (das ist Sache anderer) und zum „Mehr nicht" (der Zweck ist erreicht). In diesem konstruktiven „Nein" haben wir die wirksamste Strategie gegen die Zeitnot und den Fluch des Unerledigten. Allerdings braucht man hierzu Beharrlichkeit und Selbstsicherheit.

Zufriedenheitserlebnisse schaffen

Bei Dauerbelastung schränkt man oft Hobbys und andere angenehme Freizeitaktivitäten ein. Gerade für Typ-A-Personen ist jeder Augenblick kostbar, und sie betreiben mehrere Dinge gleichzeitig oder versuchen es zumindest. Zeit für Muße bleibt nicht. Viele Menschen glauben, keine Zeit mehr für Hobbys zu haben, und empfinden Dinge, die ihnen früher Spaß gemacht haben, inzwischen als überflüssig. Ihre Aufmerksamkeit wird von belastenden Situationen aufgesogen. Wenn sie sich tatsächlich einmal Zeit nehmen, werden sie schnell ungeduldig und fühlen sich unwohl (Wagner-Link, 1996). Auch Nichtstun kann ein Stressor werden, zum Beispiel wenn man Nichtstun als Faulheit betrachtet und abwertet.

Erlauben Sie sich Zufriedenheitserlebnisse und genießen Sie ohne schlechtes Gewissen. Versuchen Sie, sich einen persönlichen Freiraum zu schaffen. Empfehlenswert sind Erlebnisse, die (Wagner-Link, 1996)

– Ihren Neigungen entsprechen, statt Nützlichkeitserwägungen zu folgen

– ohne großen Aufwand durchführbar sind

- regelmäßig praktiziert werden können

- gemeinsam mit Ihnen wichtigen Menschen durchgeführt werden können, für die Sie sonst zu wenig Zeit haben.

Sozialkontakte aufbauen

Soziale Unterstützung hat eine positive Funktion bei der Streßbewältigung, für die Prävention von Krankheiten und bei der Aufrechterhaltung der Gesundheit. Zentrale Frage ist dabei, welche Ressourcen einer Person zur Verfügung stehen, um Belastungen zu ertragen, sie zu bewältigen (Udris, 1989).

Das soziale Umfeld kann allerdings auch Streß auslösen und verstärken. Ob das soziale Umfeld eher stützt oder eher ein Stressor ist, hängt von der konkreten Situation ab (Zentrum für Innere Führung, o.J.). Aus dem sozialen Umfeld kann sich ein breites Spektrum „sozialer Stressoren" ergeben. Das Spektrum erstreckt sich von:

- direkter Einflußnahme anderer Personen, zum Beispiel durch Kritisieren, Abwerten, Beleidigen, Nörgeln

- indirekter, aber bewußter Einflußnahme, zum Beispiel durch das Schaffen von Abhängigkeiten, Konkurrenz oder Dominanz

- indirekte und unbewußte Einflußnahme, zum Beispiel durch das Versagen anderer Personen oder den Verlust von Bezugspersonen.

Sozialkontakte sind nicht auf den privaten Bereich begrenzt, auch die beruflichen Sozialkontakte sind wichtig. Die soziale Streßbelastung kann bei Führungskräften besonders hoch sein, da sich die Erwartungen und Anforderungen seitens Vorgesetzter und seitens der Mitarbeiter bei ihnen kumulieren:

- Konflikte zwischen Zielen von „oben" und von „unten" (Sandwich-Funktion)

- Angst vor Versagen und Autoritätsverlust

– Verantwortungsskrupel und Einsamkeitsgefühl infolge sozialer Distanz zu den Mitarbeitern (mangelnde soziale Unterstützung).

Menschen, die in einem System enger sozialer Kontakte von gegenseitiger Unterstützung eingebettet sind, fühlen sich weniger gestreßt und leben insgesamt gesünder, sie haben eine höhere Lebenserwartung (Olschewski, 1995a). Großfamilie und dörfliches Umfeld, die früher wesentlichen Rückhalt in Problem- und Notlagen gaben, stehen heute den meisten Menschen nicht mehr zur Verfügung. Heute bedarf es Formen sozialer Unterstützung, die unserer modernen Industriegesellschaft angepaßt sind. Besonders die überschaubare und vertraute Kleingruppe verfügt über ein hohes Unterstützungspotential; zum Beispiel die Wohngemeinschaft, die Partnerschaft, das Arbeitsteam. Das gilt jedoch nur, wenn die Kleingruppe von gemeinsamen Zielen und Werten getragen wird sowie durch Vertrauen und Zusammenhalt gekennzeichnet ist. In Anlehnung an die Austauschtheorie ergeben sich vier Ebenen sozialer Unterstützung (House, 1981):

– instrumentelle Unterstützung in Form materieller Hilfe oder durch konkretes anderes Verhalten

– emotionale Unterstützung, zum Beispiel in Form freundlicher Zuwendung, Anerkennung und Gesprächsbereitschaft (Zuhören)

– evaluative Unterstützung durch Bestätigen von Meinungen, Feedback, sozialen Vergleich und Relativieren der eigenen Situation

– informative Unterstützung, zum Beispiel durch Wissen um potentielle Hilfe, Ratschläge, Informationen.

Bei Dauerstreß sind Freund, Partner, Familienangehörige oft Trostspender. Emotionaler Rückhalt und Geborgenheit helfen bei der Streßbewältigung. Das zeigt sich gerade dann, wenn solche Freunde, Partner etc. nicht vorhanden sind. Die Selbstmordrate bei alleinstehenden Menschen liegt höher als bei Menschen, die sozial eingebunden sind. Einsam sind nicht nur unfreiwillige Singles, sondern auch die sogenannten grünen Witwen, die zwar „alles haben", aber mit ihren Problemen allein sind (Wagner-Link, 1996). Gleiches gilt für Arbeitssüchtige, die über Jahre ihre sozialen Kontakte vernachlässigen und irgendwann feststellen: Ich bin alleine, ich weiß nicht, wem ich vertrauen soll, wer Zeit für mich hat. Soziale Beziehungen müssen gepflegt werden – das kostet Zeit und Kraft.

Machen Sie sich nun Gedanken über Ihre eigenen sozialen Kontakte und notieren Sie Ihre Beobachtungen. Benutzen Sie auch die Arbeitsblätter „Soziale Unterstützung" und „Soziales Umfeld" im Anhang.

Ablenkung

Ablenkungen sind gezielte Aktivitäten, die eine Belastung vorübergehend vergessen lassen (Wagner-Link, 1996). Man macht etwas anderes und konzentriert sich voll auf die neue Tätigkeit, zum Beispiel einen Spaziergang.

Ablenken ist einfach und bewährt sich beim Kappen von Erregungsspitzen. Die gewählten Aktivitäten dürfen natürlich nicht neuen Streß erzeugen, wie das bei der Entspannungszigarette (Nikotin aktiviert!) der Fall ist. Positive Beispiele sind (Wagner-Link, 1996):

– am Computer spielen	– Schreibtisch aufräumen
– zum Kopieren gehen	– Spazierengehen
– mit Freunden telefonieren	– Blumen gießen.

Meist helfen auch kurzfristige „Beruhiger": bewußt aus dem Fenster blicken oder ein Bild anschauen. Dabei wird die innere Wahrnehmung auf einen anderen Reiz als den Stressor gelenkt, zum Beispiel auf einen beliebigen Gegenstand in der Umgebung, einen Kugelschreiber, ein Bild, Vogelgezwitscher oder auf innere Bilder, wie zum Beispiel eine Berglandschaft, einen See, eine Wiese (Wagner-Link, 1996).

Verfolgt Sie eine belastende Situation sehr hartnäckig, hilft Ablenkung nicht mehr. Sie müssen aktiver werden, zum Beispiel mit dem Gedanken-Stopp.

Gedanken-Stopp

Der Gedanken-Stopp hilft, sich von quälenden Grübeleien zu befreien. Ziel ist es, den Gedanken beim Auftreten frühestmöglich abzubrechen. Dabei hilft das Wort „Stop!", das man laut vor sich hinspricht. Man beschäftigt sich dadurch mit einer Aktivität, die die Gedanken auf ein anderes Gebiet lenkt. So wird die Angst abgebaut, sich in die Vorstellung hineinzusteigern und die Kontrolle über das Denken zu verlieren. Der Gedanken-Stopp ist eine Notbremse. Die Methode kann in Überlastungssituationen helfen (Hoberg/Vollmer, 1988), eine dauerhafte Problemlösung kann meist nicht erreicht werden.

Positive Selbstinstruktion

Stellen Sie sich vor, Sie sind auf einem Fest und ein guter Bekannter geht an Ihnen vorbei, ohne Sie zu grüßen, obwohl er Sie gesehen hat (Hoberg/Vollmer, 1988). Was empfinden Sie? Vermutlich würde es Ihnen so gehen wie den meisten von uns. Zunächst: „Was ist denn mit dem los?", dann: „Der hat bestimmt was gegen mich" und je nach Selbstbild: „Was habe ich getan, daß er beleidigt ist?" Wir bewerten, vergleichen, denken, beobachten unsere Gefühle. Dieser innere Monolog ist eine ständige Auseinandersetzung mit dem, was in uns vorgeht. Dabei ist wichtig: Nicht das Ereignis selbst führt zu negativen Gedanken und Gefühlen, sondern die negativen Selbstgespräche, in denen wir unsere Wahrnehmungen und Gefühle verarbeiten. Leider ziehen wir in unseren Selbstgesprächen häufig voreilige Schlußfolgerungen, deuten Situationen einseitig oder ärgern uns über Dinge, die nicht zu ändern sind. Je stärker wir solchen Gedanken nachhängen, desto wahrscheinlicher ist es, daß wir Situationen falsch einschätzen und uns unter Druck setzen (Hoberg/Vollmer, 1988). Gefährlich ist die Negativkette:

1. Ereignis in der Umwelt: zum Beispiel Prüfung nicht bestanden

2. Gedanken über das Ereignis: zum Beispiel „Es ist eine Katastrophe."

3. Verhalten/Gefühle: zum Beispiel Minderwertigkeitsgefühl, Depression.

Positive Selbstinstruktionen können selbstabwertende und streßerzeugende Gedanken kontrollieren (Meichenbaum, 1991). Mögliche Vorgehensweise:

- Schreiben Sie Selbstgespräche auf, die Ihnen in Streßsituationen durch den Kopf gehen. Stellen Sie fest, welche Gedanken ausgelöst werden.

- Teilen Sie diese Gedanken in positive und negative ein.

- Unterscheiden Sie zwischen dem, was in einer Situation wirklich geschieht, und Ihren Interpretationen.

- Überlegen Sie sich positive Selbstgespräche für die negativen Gedanken. Sie müssen die neuen Formulierungen akzeptieren können. Aus dem Gedanken „Ich mache sicher Fehler" nicht „Ich mache nie Fehler", sondern „Wenn ich einen Fehler mache, ist das nicht so schlimm".

- Wählen Sie für jede vorhersehbare Streßsituation passende Selbstinstruktionen. Gehen Sie dabei verschiedene Situationen nacheinander an. Versuchen Sie nicht, alles auf einmal zu ändern.

- Setzen Sie die positiven Selbstinstruktionen vor, während und nach der streßauslösenden Situation ein. Sprechen Sie je nach Situation und Neigung laut oder in Gedanken vor sich hin.

Übersicht 4

Positive Selbstinstruktion

	negative Selbstaussagen	positive Selbstaussagen
Vor der Streß-situation	„Das wird schiefgehen ..." „Ich weiß nicht, wie ich das schaffen soll."	„Erst mal probieren ..." „Ich beginne langsam und deutlich zu sprechen."
In der Streß-situation	„Ich werde schon wieder nervös." „Die Angst wird mich überwältigen."	„Nur ruhig, entspanne dich." „Ich kann Erregung nicht verhindern, aber ich werde sie steuern."
Nach der Streß-situation	„Ich habe versagt." „Das kann ich nie."	„Es war besser als befürchtet." „Jedesmal, wenn ich es mache, wird es besser werden."

(nach Wagner-Link, 1996)

Ein abschließendes Beispiel (Hoberg/Vollmer, 1988) zur Macht von Selbstgesprächen: Es ist später Abend, 23 Uhr. Herr Schlurig ist noch nicht nach Hause zurückgekehrt. Frau Schlurig ist schon zu Bett gegangen, liegt aber noch wach. Je nach Persönlichkeit und Vorerfahrungen können ihr folgende Gedanken durch den Kopf gehen:

– „Dieser unzuverlässige Kerl! Denkt nicht darüber nach, daß ich hier alleine rumsitze, während er Spaß mit irgendwelchen Leuten hat. Wenn der kommt, werde ich es ihm geben."

– „Ohne mich fühlt er sich wohl. Er läßt mich immer häufiger alleine. Da muß eine Frau dahinterstecken. Unsere Ehe ist angeknackst. Hoffentlich ist sie noch zu retten."

– „Er müßte schon lange hier sein. Bestimmt ist ein Unglück passiert. Sonst hätte er sich doch gemeldet. In letzter Zeit geht so vieles schief."

– „Wie schön es ist, mal wieder ungestört allein zu sein. Endlich kann man so richtig in Ruhe ein Buch lesen. Mal sehen, was mein Mann heute abend gemacht hat. Wenn es ihm gutgeht, vergißt er glatt die Uhr. Wahrscheinlich hat sich da wieder einmal die richtige Runde getroffen."

– „Mein Gott, wie spät es schon ist. Wahrscheinlich haben sie im Büro einen Geburtstag gefeiert. Anschließend ist er wohl wieder mit Kollegen in die Kneipe gegangen. Bestimmt hat er zuviel getrunken. Männer sind brutal, wenn sie besoffen sind."

Wie der Abend verlaufen wird? Das hängt davon ab, wann und in welchem Zustand Herr Schlurig nach Hause kommt **und** welche Gedanken Frau Schlurig durch den Kopf gegangen sind.

Selbstsicherheitstraining

Für Gespräche und Auseinandersetzungen mit Mitarbeitern und Vorgesetzten gilt: Selbstsicherheit heißt nicht brutale Durchsetzung. Selbstsicheres Verhalten ist sozial angemessen. Man ist fähig, seine Rechte zu bewahren – aber gleichzeitig hat man es nicht nötig, auf anderen herumzutrampeln. Selbstsicherheit bedeutet:

- positive und negative Gefühle anderen gegenüber zum Ausdruck bringen können

- aktiv widersprechen können, wenn man bei wichtigen Fragen anderer Meinung ist

- Autorität anderer hinterfragen können

- Komplimenten zustimmen können

- anderen Freundliches sagen können

- sich nicht angegriffen fühlen, wenn andere widersprechen und die Autorität hinterfragen

- dem Gegenüber in die Augen blicken

- laut und deutlich sprechen.

Mangelnde Selbstsicherheit kann zu Hilflosigkeit oder zu aggressiver Selbstdurchsetzung führen. Hilflosigkeit und Passivität beinhalten, daß man nicht wagt, anderen zu widersprechen, daß man seine Interessen nicht durchsetzt. Aggressive Kritik von Kollegen oder Vorgesetzten schluckt man ohne Widerspruch. Aggressive Selbstdurchsetzung hingegen bedeutet, aggressiv die eigenen Interessen auf Kosten anderer durchzusetzen.

Selbstsicheres Verhalten hilft, andere zu überzeugen und eigene Interessen zu wahren, ohne dabei die Interessen anderer zu mißachten. Verhält sich zum Beispiel jemand unhöflich Ihnen gegenüber, können Sie ihm mit Gegenaggression begegnen, oder Sie können Ihre Betroffenheit zum Ausdruck bringen. Damit haben Sie meist mehr gewonnen. Fast jeder kann in diesem Bereich sein Verhalten noch verbessern, weniger aggressiv seine Interessen durchzusetzen oder weniger hilflos und passiv negative Situationen hinzunehmen. Als Hilfe kann das Übungsblatt „Selbstsicherheitstraining" im Anhang dienen.

Ernährung und Sport

Die Bewegungsarmut unserer Lebensweise läßt den Organismus erschlaffen. In gewissem Ausmaß ist deshalb Körpertraining förderlich für Gesundheit, Fitneß und Wohlbefinden. Sport verbessert die physische und psychische Streßresistenz, denn (Wagner-Link, 1996):

- Körperliche Anstrengung verbraucht durch Streßreaktionen bereitgestellte Nährstoffe. Stoffwechselprodukte werden schneller abgebaut, Adrenalin und Noradrenalin sowie Fettsäuren werden verbraucht. Überflüssiges Fett wird abgebaut.
- Spannung und Entspannung wechseln bei sportlicher Betätigung.
- Durch den Trainingseffekt nimmt die Belastbarkeit zu, und die Gesamtverfassung verbessert sich.
- Man gewinnt Abstand zu den Problemen.

Fitneßprogramme sind besonders geeignet, die Streßresistenz zu verbessern. Sie sollten allerdings nicht zu Unlustgefühlen führen, beispielsweise, daß man sie als lästige Pflicht empfindet oder immer erst den „inneren Schweinehund" überwinden muß, um sie zu absolvieren. Je nach Neigung ist es sinnvoller, zweimal die Woche mit Spaß Squash zu spielen, als sich verbiestert mit schlechter Laune in einem Fitneßcenter oder auf dem Heimtrainer im eigenen Keller zu quälen. Besonders geeignete Sportarten sind Laufen, Radfahren, Schwimmen, Skilanglauf, Konditionsgymnastik.

Sport hilft nicht, wenn Streßmuster von Beruf oder Familie in den Sport hineingetragen werden. Einstellungen wie: „Den muß ich im Tennis fertigmachen" oder „ich darf mir beim Fußball keine Blöße geben" bauen Streß auf, nicht ab.

Neben regelmäßigem Sport hat eine ausgewogene Ernährung einen starken Einfluß auf das Allgemeinbefinden. Neben der Zusammensetzung der Nahrungsmittel ist vor allem wichtig: Essen Sie nur soviel, wie Ihr Körper braucht.

Progressive Muskelentspannung

Die muskuläre Entspannung ist am leichtesten von allen Entspannungstechniken lernbar und steht deshalb idealerweise am Anfang eines systematischen Entspannungstrainings. Die progressive Muskelentspannung wurde von dem Amerikaner Jacobson (1924) entwickelt. Das Verfahren beruht auf der Beobachtung, daß Muskelverspannungen, Angst, Erregung und Streß gekoppelt sind. Die Wirksamkeit der progressiven Muskelentspannung ist gesichert. Entspannung ist eine Fertigkeit wie viele andere, nur regelmäßiges Training sichert den Erfolg.

Bei der Methode spannt und entspannt man nacheinander die einzelnen Bereiche der Skelettmuskulatur. Die Entspannung wird gelernt, indem man den angespannten mit dem entspannten Zustand der jeweiligen Muskelgruppe vergleicht. Zunächst spannt man nur leicht an, achtet auf die Empfindungen und läßt dann wieder locker und achtet wieder auf die Empfindungen. Beim Nachlassen der Entspannung spürt man den Unterschied in Form von Müdigkeit, Wärme, Schwere.

Ein Übungsblatt zum selbständigen Entspannen liegt im Anhang bei. Lassen Sie sich den Text von einer anderen Person vorlesen. Sehr hilfreich sind auch besprochene und mit Musik untermalte Kassetten oder Compact Discs.

Zur körperlichen Wirkung: Während der Anspannung wird Blut aus den Gefäßen in die Muskeln gepreßt. Bei der Entspannung erweitern sich die Gefäße stärker als vor der Anspannung und füllen sich wieder mit Blut. Durch diesen Pumpvorgang und die Erweiterung der Blutgefäße fließt mehr Blut in die Muskulatur. Wenn vermehrt Blut in Arme und Beine fließt, wird das oft als Schwere wahrgenommen. Das in den erweiterten Blutgefäßen benötigte Blut kommt mit 37°C aus dem Körperinnern, gelangt in die gelockerten Muskeln und führt zu Wärmegefühlen. Dieser Entspannungszustand wird als Kribbeln oder Fließen erlebt.

Es gibt nur wenige Fälle, in denen die progressive Muskelentspannung kontraindiziert ist:

– Migräne während der Akutphase, da die Entspannung eine weitere Dilatation bewirkt und so die Beschwerden verstärken kann. Außerhalb akuter Migräneanfälle ist die Anwendung der progressiven Muskelentspannung unkritisch.

– Zu niedriger Blutdruck, da Entspannung den Blutdruck weiter senkt.
– Bei Psychotikern ist die Provokation von Wahnvorstellungen möglich.
– Bei bestimmten Formen der Depression ist eine weitere Erschlaffung möglich.

Autogenes Training

Autogenes Training ist eine Technik der konzentrativen Selbst-Entspannung. Durch Autosuggestion beeinflußt man das vegetative System. Man konzentriert sich mit Hilfe formelhafter Sätze wie zum Beispiel „Mein rechter Arm ist ganz schwer" auf den beschriebenen Zustand, bis sich der Arm tatsächlich schwer anfühlt. (Die Wirkung der Gebetsformeln verschiedener Religionen beruht auf diesem Prinzip.) Die körperliche Entspannung zieht dann eine psychische Entspannung und Erholung nach sich (Krampen, 1991). Im Verlauf der Übungen wird es immer leichter, mit Hilfe der Formelsätze den erwünschten Zustand zu erreichen.

Suggestion ist ein Vorgang, dem wir häufig ausgesetzt sind. Bei Betrachten eines Filmes weinen wir aus Mitgefühl, verfolgen mit Herzklopfen einen Thriller oder sind über den Ausgang einer Geschichte enttäuscht. Intensive Vorstellungen lösen Gefühle und vegetative Funktionen aus, zum Beispiel Herzklopfen oder Tränen. Das von Schultz entwickelte autogene Training setzt auf der vegetativen Ebene an (Schultz, 1974). Durch autogenes Training wird das vegetative Nervensystem beeinflußt. Die Belastbarkeit wird erhöht, bestehende Anspannungs- und Erregungszustände werden reduziert.

Autogenes Training ist eine wirksame Methode zum Streßabbau. Allerdings ist der Übungsaufwand bis zu den ersten Erfolgserlebnissen im Vergleich zur progressiven Muskelrelaxation deutlich höher. Als Faustregel gilt: Die Grundstufe des autogenen Trainings kann mit einem Übungsaufwand von einer halben Stunde pro Tag in zwei bis drei Monaten erlernt werden. Wichtig ist auch, daß man die Entspannungseffekte nicht erzwingen kann. Entspannung erfordert eine Grundeinstellung ohne Leistungsdruck (Krampen, 1991). Mit der Einstellung „Ich muß jetzt unbedingt entspannen" kann sich keine Entspannung einstellen. Hilfreich ist es, immer wieder zu denselben Zeiten zu üben, so zum Beispiel (Langen, 1994)

– nach dem Aufwachen

– in der Mittagspause

– vor dem Einschlafen.

Eine Hilfestellung zum selbständigen Entspannen liegt im Anhang bei. Sehr hilfreich sind besprochene und mit Musik untermalte Kassetten oder Compact Discs.

Atemtechnik

Atementspannung ist ebenfalls leichter lernbar als das autogene Training. Entspannungszustände können auch von Menschen ohne Vorerfahrung beim ersten Üben erlebt werden. Durch die schnellen Anfangserfolge wird man eher als beim autogenen Training zum Üben motiviert (Olschewski, 1995b).

Den Grad der Anspannung eines Menschen erkennt man auch an seiner Atmung. Im entspannten Zustand ist die Atmung langsam und rhythmisch. Bei Anspannung ist sie schnell und flach. Das Zwerchfell ist der Muskel, der die Grenze zwischen Bauchhöhle und Brustkorb bildet. Beim Einatmen sollte sich das Zwerchfell zusammenziehen und abwärts bewegen, die Bauchdecke sich dabei nach vorne wölben. Im Brustraum entsteht ein Sog, dadurch entfalten sich die Lungen, man atmet ein, sogenannte Bauch-Zwerchfellatmung. Bei der Brustatmung werden die Rippen nach oben gezogen und voneinander entfernt. Dadurch vergrößert sich der Brustraum, es entsteht Unterdruck, der zum Einatmen führt. Beim Ausatmen entspannt sich das Zwerchfell. Damit wird verbrauchte Luft aus den Lungen gepreßt. Ein Zusammenziehen der Rippen unterstützt diesen Prozeß (Wagner-Link, 1996).

Bei verkrampfter Atmung arbeitet der Körper nicht effizient. Falsche Atmung fördert das Hyperventilationssyndrom und führt zur Atemnot durch zu starkes Einatmen. Unvollständige Atmung führt zu der gepreßten, resonanzarmen Sprache, die man bei aufgeregten Rednern und Vortragenden beobachten kann. Richtiges Atmen kann durch regelmäßige und einfache Übungen erlernt werden. Das Übungsblatt im Anhang bietet hierfür Hilfestellung.

Musik zur Entspannung

Mit Musik kann man Entspannungsverfahren untermalen, man kann Musik aber auch alleine zur Entspannung einsetzen. Als sehr angenehm wird folgende Kombination empfunden:

- Entspannungsverfahren, zum Beispiel progressive Muskelentspannung, durchführen

- zum Abschluß und Ausklang Entspannungsmusik auflegen.

Geeignet sind ruhige Musikstücke mit gleichbleibender Geschwindigkeit. Nachfolgend empfehlen wir einige Musikstücke, die nach unseren Erfahrungen gut geeignet sind:

- Gomer Edwin Evans (1993). Visionen. Entspannungsmusik für Führungskräfte. München; mit den Titeln „The New Vision", „A Time to Relax", „You and the World"

- Meditation. Musik zum Entspannen und Träumen. London

- Kitaro. Silk Road (Seidenstraße); von Kitaro gibt es eine Vielzahl verschiedener Aufnahmen. Der Seidenstraßen-Zyklus ist besonders zur Entspannung geeignet.

Das ist nur eine kleine Auswahl. Gehen Sie in ein Musikgeschäft, meist gibt es eine Sparte Entspannungsmusik. Probieren Sie aus, was Ihnen gefällt. Die Musik muß Sie emotional ansprechen.

Literatur

Blankenstein, Ulrich/**Gassner,** Michael/**Hilken,** Bernd/**Milz,** Heinz-Robert (o. J.): Streß verstehen und bewältigen. Hefte zur Fortbildung Nr. 9. Rheinbraun AG

De Bono, Edward (1992): Zeiteinteilung neu durchdacht. Capital 6/92

Frese, Michael (1991): Die Führung der eigenen Person. Streßmanagement. Reihe: Besser führen, Problemfeld 3. München: Institut Mensch und Arbeit

Geißler, Karlheinz (1997): Zeit leben. 6. Auflage, Weinheim

Gerlach, Uwe/**Gerlach,** Gordana (1995): Moderne Mentaltechniken. Neue Wege zu Tiefenentspannung und Wohlbefinden. Renningen-Malmsheim

Hoberg, Gerrit/**Vollmer,** Günter (1988): Top-Training. Streß unter Kontrolle. Stuttgart

House, James S. (1981): Work stress and social support. Reading, Massachusetts

Jacobsen, Edmund (1924): The technique of progressive relaxation. Journal of Nervous and Mental Disease, 60, 568–578

Janke, Wilhelm/**Erdmann,** Gisela/**Kallus,** Konrad W. (1985): Streßverarbeitungsfragebogen (SVF): Handanweisung. Göttingen

Krampen, Günter (1991): Übungsheft zum autogenen Training. Stuttgart

Krampen, Günter (1992): Einführungskurse zum autogenen Training. Ein Lehr- und Arbeitsbuch für die psychosoziale Praxis. Stuttgart

Krumpholz-Reichel, Anja (1998): Erst die Arbeit, dann das Vergnügen. Oder: Was fangen wir nur mit unserer freien Zeit an? Psychologie Heute, 6/1998.

Langen, Dietrich (1994): Autogenes Training. 4. Auflage. München

Lazarus, Richard (1966): Psychological stress and the coping process. New York

Lückert, Heinz-Rolf (o. J.): Angst und Selbstsicherheit. Manuskriptabdruck eines Vortrags anläßlich des Personalforums der Süddeutschen Zeitung in Stuttgart. Zitiert nach McKanzie, R.A. (1990): Die Zeitfalle. Sinnvolle Zeiteinteilung und Zeitnutzung. Heidelberg

Mohr, Gisela (1986): Die Erfassung psychischer Befindlichkeitsbeeinträchtigungen bei Industriearbeitern. Frankfurt

Meichenbaum, Donald (1991): Intervention bei Streß. Anwendung und Wirkung des Streßimpfungstrainings. Bern

Olschewski, Adalbert (1995a): Streß bewältigen. Ein ganzheitliches Kursprogramm. Heidelberg

Olschewski, Adalbert (1995b): Atementspannung: Abbau emotionaler und körperlicher Anspannung durch Atemtherapie. Heidelberg

Roming, Anna (1998): Zeit kann man nicht haben – aber wir können sie genießen. Psychologie Heute, 6/1998

Schreiner-Kürten, Karin/**Grob,** Uschi (1997): Psychotherapie-Informations-Dienst PID. Psychotherapeutische Leistungsangebote psychologischer Praxen. Faltblatt. Bonn

Schultz, Johannes (1932): Das autogene Training: Konzentrierte Selbstentspannung. Leipzig

Seiwert, Lothar J. (1986): Das 1x1 des Zeitmanagements. München

Seiwert, Lothar J. (1988): Mehr Zeit für das Wesentliche. 7. Auflage. Landsberg

Selye, Hans (1974): Streß, Bewältigung und Lebensgewinn. München

Schuh, Horst/**Watzke,** Wolfgang (1994): Erfolgreich Reden und Argumentieren. Grundkurs Rhetorik. 2. Auflage. Ismaning

Udris, Ivars (1989): Soziale Unterstützung; in: Greif, S.; Holling, H. & Nicholson, N. (Hrsg.): Arbeits- und Organisationspsychologie. Internationales Handbuch in Schlüsselbegriffen. München

Vester, Frederic (1997): Phänomen Streß. 17. Auflage. München

Wagner-Link, Angelika (1996): Aktive Entspannung und Streßbewältigung. Wirksame Methoden für Vielbeschäftigte. 4. Auflage. Renningen-Malmsheim

Zentrum Innere Führung (o.J.): Menschenführung unter Belastung. Ausbildungshilfe für die Ausbildung in den Streitkräften. Koblenz

Zimbardo, Philip G. (1995): Psychologie. 6. Auflage. Berlin

Anhang

1. Bitte kreuzen Sie an, inwieweit die folgenden Ausführungen auf Sie zutreffen. Trifft eine Aussage nie zu, markieren Sie bitte die „1". Trifft eine Aussage sehr oft zu beziehungsweise belastet Sie eine solche Situation sehr oft, markieren Sie bitte die „5". Alle Zwischenstufen der Skala sind möglich. (Fragebogen entwickelt in Anlehnung an Frese, 1991)

2. Kreuzen Sie dann an, bei welchen Punkten Sie etwas ändern wollen.

3. Legen Sie die Reihenfolge fest, in der Sie die Veränderungen in Angriff nehmen möchten (1., 2., 3. usw.).

nie   sehr oft

diese Punkte möchte ich ändern
in folgender Reihenfolge (1, 2 ...)

$\boxed{1}$ $\boxed{2}$ $\boxed{3}$ $\boxed{4}$ $\boxed{5}$ ↓ ↓

Arbeitsfaktoren:

	1	2	3	4	5		
Zuviel Arbeit	☐	☐	☐	☐	☐	○	○
Zuwenig Arbeit	☐	☐	☐	☐	☐	○	○
Zu starke Schwankungen im Arbeitsanfall	☐	☐	☐	☐	☐	○	○
Zu hoher Zeitdruck bei Arbeitserledigung	☐	☐	☐	☐	☐	○	○
Zu viele Überstunden	☐	☐	☐	☐	☐	○	○
Zu komplexe Arbeitsaufgaben	☐	☐	☐	☐	☐	○	○
Unterbrechung bei der Arbeitserledigung	☐	☐	☐	☐	☐	○	○
Arbeit ist sinnlos.	☐	☐	☐	☐	☐	○	○
Aufgabenabgrenzung ist unklar.	☐	☐	☐	☐	☐	○	○
Widersprüchliche Anforderungen	☐	☐	☐	☐	☐	○	○
Zuviel Verantwortung für Mitarbeiter	☐	☐	☐	☐	☐	○	○
Unerwartete Störungen	☐	☐	☐	☐	☐	○	○
Arbeit und Privatleben stehen im Konflikt miteinander.	☐	☐	☐	☐	☐	○	○
Zielvorgaben sind widersprüchlich.	☐	☐	☐	☐	☐	○	○
Zuwenig Mitwirkungsmöglichkeiten	☐	☐	☐	☐	☐	○	○
Enge rechtliche Bestimmungen	☐	☐	☐	☐	☐	○	○
Informationen kommen spät oder sind vage.	☐	☐	☐	☐	☐	○	○
Zuwenig Einfluß auf eigene Fort- und Weiterbildung	☐	☐	☐	☐	☐	○	○

Umweltfaktoren:

	1	2	3	4	5		
Physikalische Störungen (Lärm, Hitze, Kälte etc.)	☐	☐	☐	☐	☐	○	○
Arbeitsmittel fehlen oder sind veraltet.	☐	☐	☐	☐	☐	○	○
Arbeitsort (Lage, Räume etc.) ist unbefriedigend.	☐	☐	☐	☐	☐	○	○
Arbeitszeit (Dauer, Beginn, Ende) ist ungünstig.	☐	☐	☐	☐	☐	○	○

Soziale Faktoren

	1	2	3	4	5		
Andere machen häufig Fehler.	☐	☐	☐	☐	☐	○	○
Konflikte mit Vorgesetzten	☐	☐	☐	☐	☐	○	○
Konflikte mit Kollegen	☐	☐	☐	☐	☐	○	○
Konflikte mit Mitarbeitern	☐	☐	☐	☐	☐	○	○
Zuwenig Kontakt zum Vorgesetzten	☐	☐	☐	☐	☐	○	○

Punkte ändern
Reihenfolge

nie   sehr oft

| 1 | 2 | 3 | 4 | 5 | ↓ ↓ |

Zuwenig Kontakt mit Kollegen   ☐ ☐ ☐ ☐ ☐ ○○
Zuwenig Kontakt mit Mitarbeitern   ☐ ☐ ☐ ☐ ☐ ○○
Schlechtes Klima im Arbeitsbereich   ☐ ☐ ☐ ☐ ☐ ○○

Sonstiges:

Beförderungsaussichten sind schlecht.   ☐ ☐ ☐ ☐ ☐ ○○
Bei Beförderung übergangen   ☐ ☐ ☐ ☐ ☐ ○○
Keine Entwicklungsmöglichkeiten   ☐ ☐ ☐ ☐ ☐ ○○
Arbeitsplatz ist gefährdet.   ☐ ☐ ☐ ☐ ☐ ○○
Gehalt ist zu niedrig.   ☐ ☐ ☐ ☐ ☐ ○○
Versetzung an einen anderen Ort droht.   ☐ ☐ ☐ ☐ ☐ ○○
Ständige Umorganisation   ☐ ☐ ☐ ☐ ☐ ○○

Was mir am Arbeitsplatz Streß verursacht, wonach aber nicht gefragt wurde:

_____

_____

_____

_____

_____

_____

_____

_____

_____

_____

_____

_____

_____

_____

_____

Streßdiagnostik 2   Situation im Privatleben

1. Bitte kreuzen Sie an, inwieweit die folgenden Ausführungen auf Sie zutreffen. Trifft eine Aussage nie zu, markieren Sie bitte die „1". Trifft eine Aussage sehr oft zu beziehungsweise belastet Sie eine solche Situation sehr oft, markieren Sie bitte die „5". Alle Zwischenstufen der Skala sind möglich. (Fragebogen entwickelt in Anlehnung an Frese, 1991)

2. Kreuzen Sie dann an, bei welchen Punkten Sie etwas ändern wollen.

3. Legen Sie die Reihenfolge fest, in der Sie die Veränderungen in Angriff nehmen möchten (1., 2., 3. usw.).

diese Punkte möchte ich ändern
in folgender Reihenfolge (1, 2 ...)

nie   sehr oft

$\boxed{1}$ $\boxed{2}$ $\boxed{3}$ $\boxed{4}$ $\boxed{5}$ ↓ ↓

Verfügbare Zeit:

	1	2	3	4	5		
Zuwenig Zeit für nahestehende Menschen	☐	☐	☐	☐	☐	○	○
Zuwenig Zeit für mich	☐	☐	☐	☐	☐	○	○
Freizeit nicht frei gestaltbar (Fremdbestimmung)	☐	☐	☐	☐	☐	○	○
Beschäftige mich auch zu Hause mit Arbeit	☐	☐	☐	☐	☐	○	○

Partner/in:

	1	2	3	4	5		
Wunsch nach Partner/in	☐	☐	☐	☐	☐	○	○
Sexuelle Probleme	☐	☐	☐	☐	☐	○	○
Fehlende Unterstützung	☐	☐	☐	☐	☐	○	○
Wunsch nach anderem Partner/anderer Partnerin	☐	☐	☐	☐	☐	○	○
Konflikte	☐	☐	☐	☐	☐	○	○
Kein Vertrauen mehr	☐	☐	☐	☐	☐	○	○
Mehrere Partner/innen	☐	☐	☐	☐	☐	○	○
Zu wenige gemeinsame Interessen	☐	☐	☐	☐	☐	○	○
Zu wenige gemeinsame Aktivitäten	☐	☐	☐	☐	☐	○	○

Kinder:

	1	2	3	4	5		
Schwangerschaft oder Geburt eines Kindes	☐	☐	☐	☐	☐	○	○
Chronische Erkrankung oder Behinderung eines Kindes	☐	☐	☐	☐	☐	○	○
Schulschwierigkeiten eines Kindes	☐	☐	☐	☐	☐	○	○
Kind nimmt Drogen	☐	☐	☐	☐	☐	○	○
Konflikte zwischen den Kindern	☐	☐	☐	☐	☐	○	○
Konflikte mit Kind	☐	☐	☐	☐	☐	○	○
Kind verläßt das Haus	☐	☐	☐	☐	☐	○	○

Soziales Umfeld:

	1	2	3	4	5		
Probleme mit engen Freunden	☐	☐	☐	☐	☐	○	○
Probleme mit den Eltern	☐	☐	☐	☐	☐	○	○
Probleme mit anderen nahestehenden Menschen	☐	☐	☐	☐	☐	○	○
Probleme mit Nachbarn	☐	☐	☐	☐	☐	○	○

Punkte ändern
Reihenfolge

nie   sehr oft

| 1 | 2 | 3 | 4 | 5 | ↓ ↓ |

Kritische Lebensereignisse:

	1	2	3	4	5	
Tod eines nahestehenden Menschen	☐	☐	☐	☐	☐	○○
Scheidung (bevorstehend, akut, gerade vollzogen)	☐	☐	☐	☐	☐	○○
Eigene schwere Verletzung oder Krankheit	☐	☐	☐	☐	☐	○○
Heirat	☐	☐	☐	☐	☐	○○
Verlust des Arbeitsplatzes	☐	☐	☐	☐	☐	○○
Schwere Krankheit eines nahestehenden Menschen	☐	☐	☐	☐	☐	○○
Wechsel der Arbeitsstelle	☐	☐	☐	☐	☐	○○
Partner/in nimmt Arbeit auf (oder gibt Arbeit auf).	☐	☐	☐	☐	☐	○○
Erhebliche Einkommensveränderung	☐	☐	☐	☐	☐	○○
Heftiger Streit mit Partner/in	☐	☐	☐	☐	☐	○○

Sonstiges:

	1	2	3	4	5	
Alte Hobbys machen keinen Spaß mehr.	☐	☐	☐	☐	☐	○○
Kein Freundeskreis	☐	☐	☐	☐	☐	○○
Arbeit macht mehr Spaß als Freizeit	☐	☐	☐	☐	☐	○○
Freundeskreis stammt überwiegend aus dem Arbeitsumfeld.	☐	☐	☐	☐	☐	○○
Die Frage, ob ich mein Leben richtig verbringe, belastet mich.	☐	☐	☐	☐	☐	○○
Arbeitskonflikte wirken ins Privatleben hinein.	☐	☐	☐	☐	☐	○○

Was mich privat belastet, wonach aber nicht gefragt wurde:

_____

_____

_____

_____

_____

_____

_____

_____

_____

(Skalen sind modifiziert nach Mohr, 1986)

Dieser Fragebogen behandelt zwei Aspekte:

● **Gereiztheit / Belastung**
● **Psychosomatische Beschwerden**

Gereiztheit / Belastung

Sie haben bei den folgenden Aussagen sieben Antwortmöglichkeiten von „trifft überhaupt nicht zu" bis „trifft fast völlig zu". Bitte kreuzen Sie diejenige Antwort an, die auf Sie zutrifft.

	trifft überhaupt nicht zu	trifft größtenteils nicht zu	trifft wenig zu	trifft mittelmäßig zu	trifft etwas zu	trifft größtenteils zu	trifft fast völlig zu
	(1)	(2)	(3)	(4)	(5)	(6)	(7)
Kleinigkeiten können mich sehr verärgern.	☐	☐	☐	☐	☐	☐	☐
Es passiert mir hin und wieder, daß ich gegenüber anderen unbeherrscht bin.	☐	☐	☐	☐	☐	☐	☐
Mitunter reagiere ich mürrisch, wenn andere mich ansprechen.	☐	☐	☐	☐	☐	☐	☐
Ich bin verärgert über Menschen, die mich gar nicht ärgern wollen.	☐	☐	☐	☐	☐	☐	☐
Ich fühle mich ab und zu wie ein Nervenbündel.	☐	☐	☐	☐	☐	☐	☐
Ich bin schnell verärgert.	☐	☐	☐	☐	☐	☐	☐
Ich reagiere gereizt, obwohl ich es gar nicht will.	☐	☐	☐	☐	☐	☐	☐

Je öfter Sie hohe Werte angekreuzt haben (Richtung 7, „trifft fast völlig zu"), desto höher ist Ihr Streßniveau und desto mehr lohnt es sich für Sie, das Kapitel „Streßbewältigung" (Seite 37 ff.) durchzuarbeiten.

Psychosomatische Beschwerden

Nachfolgend finden Sie eine Reihe von *körperlichen Beschwerden*. Kreuzen Sie bitte an, welche Beschwerden bei Ihnen im letzten Jahr auftraten bzw. jetzt noch auftreten.

	nie	alle paar Monate	alle paar Wochen	alle paar Tage	fast täglich
	(1)	(2)	(3)	(4)	(5)
Schnelles Ermüden	☐	☐	☐	☐	☐
Kopfschmerzen	☐	☐	☐	☐	☐
Herzklopfen bei geringer Anstrengung	☐	☐	☐	☐	☐
Atemnot bei geringer Anstrengung	☐	☐	☐	☐	☐
Empfindlicher Magen	☐	☐	☐	☐	☐
Schwindelgefühle	☐	☐	☐	☐	☐
Rückenschmerzen	☐	☐	☐	☐	☐
Plötzliche Schweißausbrüche	☐	☐	☐	☐	☐
Schmerzen in der Herzgegend	☐	☐	☐	☐	☐
Sodbrennen	☐	☐	☐	☐	☐
Konzentrationsstörungen	☐	☐	☐	☐	☐
Schlafstörungen (Einschlafschwierigkeiten, Durchschlafstörungen)	☐	☐	☐	☐	☐
Mattigkeit und Abgespanntheit ohne ersichtlichen Grund	☐	☐	☐	☐	☐

Je öfter Sie hohe Werte angekreuzt haben, desto wichtiger ist es für Sie, etwas gegen Ihre Beschwerden zu unternehmen. Bei sehr starken Beschwerden empfiehlt es sich, professionelle Hilfe in Anspruch zu nehmen. Siehe Psychotherapie-Informations-Dienst (Seite 26).

Wie gut ist Ihr Zeitmanagement?

Bitte kreuzen Sie bei jeder der folgenden Aussagen an, wie häufig sie auf Sie zutrifft. (Fragebogen modifiziert nach Seiwert, 1988)

	fast nie **0**	manchmal **1**	häufig **2**	fast immer **3**
An jedem Arbeitstag reserviere ich einen Teil der Zeit für vorbereitende, planerische Arbeit.	☐	☐	☐	☐
Ich delegiere alles, was delegierbar ist.	☐	☐	☐	☐
Ich lege Aufgaben und Ziele schriftlich mit Erledigungsterminen fest.	☐	☐	☐	☐
Ich bemühe mich, jeden Vorgang nur einmal und dann abschließend zu bearbeiten.	☐	☐	☐	☐
Ich erstelle täglich eine Liste mit zu erledigenden Aufgaben, geordnet nach Prioritäten. Die wichtigsten Dinge bearbeite ich zuerst.	☐	☐	☐	☐
Ich versuche den Arbeitstag von störenden Telefonanrufen, unangemeldeten Besuchern und plötzlich einberufenen Besprechungen möglichst freizuhalten.	☐	☐	☐	☐
Ich versuche die Arbeiten nach meiner Leistungskurve zu ordnen.	☐	☐	☐	☐
Mein Zeitplan hat Spielräume, um auf akute Probleme reagieren zu können.	☐	☐	☐	☐
Ich versuche, meine Aktivitäten so auszurichten, daß ich mich zunächst auf die wichtigen Dinge konzentriere.	☐	☐	☐	☐
Ich kann auch nein sagen, wenn andere meine Zeit beanspruchen wollen und ich wichtigere Dinge zu erledigen habe.	☐	☐	☐	☐

Summe ☐

Zählen Sie bitte die Punkte zusammen. Je höher Ihr Gesamtwert ausfällt, desto besser ist Ihr Zeitmanagement. Bei einem niedrigen Gesamtwert lohnt es sich für Sie, an Ihrem Zeitmanagement zu arbeiten.

0–15 Punkte: Sie betreiben kein Zeitmanagement und lassen sich von anderen treiben. Es würde sich für Sie sehr lohnen, an Ihrem Zeitmanagement zu arbeiten.

16–20 Punkte: Sie versuchen, Ihre Zeit in den Griff zu bekommen, sind aber noch nicht konsequent genug, um damit auch Erfolg zu haben. Es würde sich für Sie lohnen, an Ihrem Zeitmanagement zu arbeiten.

21–30 Punkte: Ihr Zeitmanagement ist gut bis sehr gut.

(nach Schuh & Watzke, 1994)

Ich muß bzw. will unbedingt …

1. _____

2. _____

3. _____

Ich möchte gern …

1. _____

2. _____

3. _____

Ich kann ruhig mal …

1. _____

2. _____

3. _____

Ich darf auf keinen Fall …

1. _____

2. _____

3. _____

Was wäre (oder könnte schlimmstenfalls passieren), wenn es nicht so liefe wie vorgesehen?

1. _____

2. _____

3. _____

Bitte formulieren Sie Ihre Ziele ganz genau. Nicht „Ich möchte mein Zeitmanagement verbessern", sondern „Jeden Morgen ordne ich die Arbeiten nach Priorität, und ich beginne mit der Arbeit, die die höchste Priorität, hat." (Arbeitsblatt überarbeitet nach Frese, 1991)

Formulieren Sie Ihre persönlichen Ziele in denjenigen Bereichen, in denen Sie mit einer Änderung beginnen möchten. Nachfolgend sind einige Bereiche beispielhaft aufgeführt. Sie können sich jedoch auch in anderen Bereichen Ziele setzen, z. B. hinsichtlich Ihrer sportlichen Betätigung.

1. Meine Ziele im Bereich Entspannungstraining:

_____

_____

_____

2. Meine Ziele im Bereich Sozialkontakte:

_____

_____

_____

3. Meine Ziele im Bereich Zeitmanagement:

_____

_____

_____

4. Meine Ziele im Bereich positive Selbstinstruktion:

_____

_____

_____

_____

Arbeitsblatt 3   Tagesprotokoll Aktivitäten / Verhalten

Datum _____   **Bewertung:** von „so ist es noch falsch" = 1
bis „so soll es sein" = 5

Tragen Sie in die Stundenfenster Ihre Aktivitäten bzw. Ihr Verhalten ein, das Sie
näher betrachten wollen. Sie können Ihre Aktivität bzw. Ihr Verhalten z. B. danach bewerten, inwieweit es bereits so ist, wie Sie es haben möchten. Sie können über Tage und Wochen feststellen, welche Fortschritte Sie machen.

(Tagesprotokoll modifiziert nach Frese, 1991)

0:00–2:00	2:00–4:00	4:00–6:00	6:00–8:00
Bewertung:	Bewertung:	Bewertung:	Bewertung:
8:00–10:00	10:00–12:00	12:00–14:00	14:00–16:00
Bewertung:	Bewertung:	Bewertung:	Bewertung:
16:00–18:00	18:00–20:00	20:00–22:00	22:00–24:00
Bewertung:	Bewertung:	Bewertung:	Bewertung:

Muster für einen Vertrag mit sich selbst

(Vertrag modifiziert nach Frese, 1991)

Dieser Vertrag gilt

von _____ bis _____

Hauptzweck des Vertrags

Ziele detailliert auflisten

_____

_____

_____

_____

_____

Durchführungsplan:

- Wann soll das Verhalten ausgeführt werden?
- Wie oft soll das Verhalten gezeigt werden?
- Wann habe ich das Ziel erreicht?

_____

_____

_____

_____

Strafe bei Nichteinhaltung des Vertrags:

Wenn ich diesen Vortrag nicht einhalte, dann habe ich folgende Strafe vorgesehen:

_____

_____

Diese Strafe (oder eine entsprechende Anzahlung) ist deponiert bei:

_____

_____

Bitte belohnen Sie sich, wenn Sie das Ziel erreicht haben.

Überlegen Sie sich, zu welchen Menschen in Ihrem Umfeld Sie Kontakt haben; Familien, Kollegen, Verein, Nachbarn, Freunde. Überarbeitet nach Olschewski (1995a).

Ordnen Sie diese Menschen auf dem Arbeitsblatt an. Je näher Sie einen Menschen bei sich plazieren, desto wichtiger ist er Ihnen.

1. Mit welchen Menschen verbringen Sie die meiste Zeit? (Überarbeitet nach Olschewski [1995a])

_____

_____

_____

2. Welche Menschen aus Ihrem Umfeld sind Ihnen wirklich wichtig?

_____

_____

_____

3. Mit wem reden Sie über sich selbst, über Ihre persönlichen Angelegenheiten?

_____

_____

_____

4. Mit wem unternehmen Sie etwas privat von sich aus?

_____

_____

_____

5. Zu wem hätten Sie gerne intensiver Kontakt?

_____

_____

_____

6. Zu wem würden Sie gerne einen neuen Kontakt aufbauen?

_____

_____

_____

Je weniger die Menschen, die Sie zu Frage 1 angeben, mit denen identisch sind, die Sie bei den Fragen 2 bis 4 angeben, desto mehr lohnt es sich für Sie, Ihr soziales Umfeld Ihren Bedürfnissen neu anzupassen. Ihre Antworten auf die Fragen 5 und 6 bieten Ansatzpunkte zur Veränderung.

Modifiziert nach Frese (1991).

Schritt 1	Stellen Sie Ihre irrationalen Glaubenssätze fest

Jeder von uns hat die eine oder andere Überzeugung, die leicht in einen irrationalen Glaubenssatz einmünden kann. Wenn etwas nicht gleich klappt, wenn wir Fehler machen oder wenn andere Fehler machen – wir neigen dazu, es als Katastrophe zu empfinden. Wenn wir dann im Abstand von einigen Wochen oder Monaten auf die vermeintliche „Katastrophe" zurückblicken, hat sich die Bedeutung erheblich relativiert.

Meist führen wir über persönlich wichtige Ereignisse eine Art inneren Dialog. Achten Sie auf diese Dialoge, und machen Sie sich die Dialoge bewußt. Oft sind irrationale Glaubenssätze mitverantwortlich, wenn Sie etwas als besonders schlimm und dramatisch empfinden, z. B. wenn Sie über die Maßen ärgerlich sind, wenn Sie emotional besonders betroffen oder nach einem Fehler stark niedergeschlagen sind.

Schreiben Sie solche Glaubenssätze auf und analysieren Sie die Glaubenssätze.

Schritt 2	Prüfen Sie Ihre Einschätzung

Unsere irrationalen Glaubenssätze erscheinen uns ungemein überzeugend, wir erkennen sie oft gar nicht als Glaubenssatz und können uns häufig gar keine andere Überzeugung vorstellen. Problematisch werden die Glaubenssätze, wenn wir unter ihnen leiden. Wenn wir etwas als große Katastrophe erleben, dann sind wir subjektiv folgerichtig entmutigt, depressiv, ärgerlich und selbststrafend.

Als Kind mögen wir es als „Schicksalsschlag" empfunden haben, wenn unser Lieblingsplüschtier verschwunden war. Heute als Erwachsene lächeln wir darüber. Wir haben uns als Kind die Katastrophenstimmung selbst gemacht.

Auf ähnliche, relativierende Weise können wir auch unseren (Erwachsenen-)Katastrophen entgegentreten. Nur wenig von dem, was uns zustößt, ist wirklich und objektiv eine Katastrophe. Wir treiben uns selbst in negative Emotionen: unseren Haß gegenüber anderen, unsere Selbstanklage, unsere Überzeugung, daß aufgrund eines dramatischen Ereignisses nun alles, aber auch wirklich alles andere entwertet wird.

Überlegen Sie deshalb, ob es nicht auch andere Interpretationsmöglichkeiten gibt, z.B.:

– Selbst wenn dies ein schlimmer Fehler ist, muß ich mich doch deswegen nicht als ganze Person in Frage stellen.

– Andere haben schlimmere Schicksalsschläge erfahren.

– Auch sehr wichtige Ereignisse verlieren an Bedeutung, man kann sie vergessen und muß nicht dauernd darüber nachgrübeln.

Sie schauen sozusagen von oben auf sich herab und ordnen die Probleme aus übergeordneter Perspektive neu.

Schritt 3	Üben Sie Gegengedanken ein

Entwickeln Sie rationale Gegengedanken und versuchen Sie, daran zu denken, wenn Sie sich beim „Katastrophenmachen" ertappen.

Dieser Gegengedanke muß kurz und einprägsam sein, z. B.: „Jeder macht mal einen Fehler" oder „Letztendlich ist es nicht so dramatisch" oder „So ist es immer noch viel besser als . . ."

Holen Sie Ihren Gegengedanken hervor, sobald Sie sich bei irrationalen Gedanken ertappen.

Gutes Zeitmanagement kann helfen, den Tag besser zu nutzen. Die marktschreierischen Versprechen vieler Zeitmanagement-Ratgeber, z. B. „Zeitmanagement verbessert Ihre Effizienz um 100%", halten wir jedoch für unseriös. Zeitmanagement hilft um so mehr, je stärker Sie Ihre Arbeit selbst planen können. Überspitzt ausgedrückt, einem Fließbandarbeiter hilft Zeitmanagement nicht, die Arbeit kommt im vorgegebenen Takt.

Wenn Sie Einfluß auf Ihre Arbeit haben oder zumindest selbst bestimmen können, wann Sie was machen, dann können Ihnen folgende Schritte helfen, effizienter zu werden (modifiziert nach Frese, 1991, und Seiwert, 1988).

Schritt 1	Stellen Sie eine Zielhierarchie auf!

Konzentrieren Sie sich auf kurz- und mittelfristige Ziele. Langfristige Ziele sind meist übergeordneter Art und hängen von Ihrem Wertesystem ab. Mit Zeitmanagement haben Sie ein Hilfsmittel an der Hand, ihre mittel- und kurzfristigen Ziele zu erreichen.

Gehen Sie systematisch vor:

1. Fixieren Sie Ihre mittel- und kurzfristigen Ziele schriftlich, seien Sie dabei so konkret wie möglich.

2. Bringen Sie Ihre Ziele in eine Rangfolge, setzen Sie Prioritäten.

3. Prüfen Sie, welche Voraussetzungen dazu von Ihrer und von anderer Seite gegeben sein müssen, z. B.:
   – Müssen Sie sich weiterqualifizieren?
   – Brauchen Sie Unterstützung von anderen?

4. Denken Sie auch an mögliche Störeinflüsse, die Sie behindern könnten, und überlegen Sie sich Gegenstrategien.

Schritt 2	Analysieren Sie den Ist-Zustand!

Sie können Ihre Ziele nur erreichen, wenn Sie diese in Ihrem täglichen Arbeitsablauf im Auge behalten und auch bei störenden Einflüssen konsequent an ihnen arbeiten. **Prüfen Sie zunächst, wie sich das derzeit verhält:**

1. Führen Sie eine Woche lang jeden Tag ein Tagesprotokoll, in das Sie für jede Viertelstunde eintragen, was Sie tun.

2. Überprüfen Sie Ihre Tagesprotokolle:
   – Welche Tätigkeiten waren zielführend, welche nicht?
   – Welche Tätigkeiten hätten Sie delegieren können?
   – Welche Tätigkeiten waren im nachhinein überflüssig?
   – Vergleichen Sie, wieviel Zeit Sie für die einzelnen Tätigkeiten benötigt haben und wieviel Zeit angemessen gewesen wäre.

Wenn es Ihnen geht wie den meisten Menschen, werden Sie feststellen, daß erhebliche Diskrepanzen bestehen zwischen dem, was zielführend gewesen wäre, und dem, was Sie tatsächlich gemacht haben.

Schritt 3	Machen Sie einen Tagesplan!

Mit einem Tagesplan führen Sie Ihren tatsächlichen Tagesablauf näher an den von Ihnen gewünschten Tagesablauf heran. Stellen Sie Tages- und Wochenpläne auf, tun Sie das schriftlich:
– Sie entlasten Ihr Gedächtnis.
– Sie können Ist- und Soll-Zustand einfach vergleichen.

- Sie haben immer den Überblick, wie nahe Sie Ihren Zielen gekommen sind.
- Sie wissen genau, was Sie an einem bestimmten Tag erreichen sollen.
- Sie können leichter abschalten, d.h., Sie brauchen am Abend nicht überlegen, was Sie eventuell vergessen haben könnten oder was am nächsten Tag wichtig ist.

Erstellen Sie Ihren Tagesplan in vier Schritten:

1. **Schreiben Sie auf, was Sie an jedem Tag der nächsten Woche erledigen möchten und sollten.**

2. **Schätzen Sie realistisch ab, wieviel Zeit Sie für jede geplante Aufgabe benötigen werden.**

Erfahrungsgemäß sind dabei zwei Punkte zu beachten:

- Jede Aufgabe dauert länger als vermutet, weil unvorhergesehene Störungen und Probleme auftauchen, weil man nicht jeden Tag gleich leistungsfähig und konzentriert ist usw.
- Eine Arbeit zieht sich meist so lange hin, wie Zeit zur Verfügung steht. Dies gilt besonders für Besprechungen und angenehme Arbeiten.

Aus diesen zwei Punkten ergibt sich die Schwierigkeit, daß man fast nie fehlerfrei planen kann. So braucht man häufig länger als nötig, wenn man zuviel Zeit eingeplant hat (also nimmt man sich die Zeit auch). Oder man plant zu knapp, und die Zeit kann gar nicht reichen.

3. **Summieren Sie die geschätzten Zeiten für alle geplanten Aktivitäten.**

Wahrscheinlich werden Sie feststellen, daß Sie den gesamten Tag verplant haben. Wegen der Fehleranfälligkeit von Zeitplanung (unvorhergesehene Störungen) ist es jedoch nötig, eine *Pufferzeit* einzuplanen.

Verplanen Sie maximal zwei Drittel der Zeit. Die restliche Zeit ist Pufferzeit oder kann für unvorhergesehene Aufgaben verwendet werden.

4. **Reduzieren Sie Ihr Tagespensum, bis Sie nur noch zwei Drittel der Zeit verplant haben.**

Das tut weh, denn Sie müssen Prioritäten setzen. Damit legen Sie auch immer fest, was notwendigerweise „hinten runterfällt". Tun Sie das nicht, fällt unkontrolliert das „hinten runter", zu dem Sie nicht mehr gekommen sind. Das ist riskant, es könnte etwas Wichtiges sein.

Nach dem „Pareto-Prinzip", das in vielen Bereichen gilt, erreicht man mit 20% des Aufwandes (Zeit, Perfektion etc.) 80% der Wirkung. Die restlichen 80% Aufwand erzielen nur 20% Wirkung. Selbst wenn die Prozentzahlen strittig sind, so ist doch der Grundgedanke richtig: Gehen Sie deshalb vor allem Aufgaben an, mit denen Sie Ihre Ziele am ehesten erreichen, und erledigen Sie die Aufgaben angemessen, d. h., übertreiben Sie weder hinsichtlich Perfektion noch Zeitaufwand.

Die Prioritäten nach dem Eisenhower-Prinzip (Seiwert, 1986)		**dringlich**	
		wenig	**sehr**
wichtig	**wenig**	Papierkorb	Delegieren
	sehr	Terminieren bzw. Delegieren	Sofort erledigen

Gehen Sie Aufgaben sofort an, die besonders dringlich und besonders wichtig sind. Lassen Sie Aufgaben, die weder wichtig noch dringlich sind, einfach liegen. Wenn Sie tatsächlich einmal nichts anderes mehr zu tun haben sollten, können Sie sich diesen Aufgaben widmen. Erfahrungsgemäß tritt ein solcher Zustand nie ein. Daher Eisenhowers Rat, entsprechende Aufgaben gleich wegzuwerfen (Papierkorb-Prinzip).

5. Tragen Sie die verbleibenden Aktivitäten in Ihren Terminkalender ein.

Gehen Sie die wichtigen und schwierigen Aufgaben zu Zeiten Ihres persönlichen Leistungshochs an. Ihre persönliche Leistungskurve müssen Sie selbst herausfinden. Die meisten Menschen sind am Vormittag (11:00) und am späteren Nachmittag (16:00) am leistungsfähigsten.

6. Überprüfen Sie am Ende des Arbeitstages, ob Sie alle geplanten Tätigkeiten erledigt haben

Übertragen Sie eventuell unerledigt gebliebene Arbeiten in den Plan für den nächsten Tag. Tun Sie das nicht blindlings, sondern prüfen Sie jeweils nach obigen Regeln erneut: Ist die Tätigkeit noch wichtig? Was muß notfalls zurückstehen, um nicht mehr als zwei Drittel der Zeit zu verplanen usw.

Schritt 4	Schalten Sie Störungen aus!

Störungen von außen (Telefonanrufe, eine ungeplante Besprechung, ein unangemeldeter Besucher usw.) sind häufig verantwortlich für Abweichungen von der Planung. Schalten Sie daher Störungen aus bzw. minimieren Sie Störungen auf ein erträgliches Maß:

– Richten Sie „stille Stunden" ein, in denen Sie konzentriert arbeiten und nicht gestört werden dürfen. Leiten Sie Ihr Telefon in dieser Zeit um.

– Sagen Sie „nein", schlagen Sie einem unangemeldeten Besucher einen günstigeren Termin vor, verweisen Sie ihn an einen Mitarbeiter usw.

– Sofern Störungen tatsächlich notwendig sind, terminieren Sie diese zeitlich (kürzere Telefonanrufe, deutlich machen, daß man nur wenig Zeit zur Verfügung hat usw.).

Schritt 5	Delegieren Sie!

Delegieren ist mehr als Aufgaben abschieben, es beinhaltet u. a.:

– Delegieren Sie ganze Aufgaben inklusive der erforderlichen Befugnisse und Verantwortung.

– Lassen Sie hinreichend Spielraum, reden Sie nicht vorzeitig hinein.

– Informieren Sie Mitarbeiter rechtzeitig und umfassend.

– Loben und kritisieren Sie konkret und zeitnah.

– Verlangen Sie keine hundertprozentige Perfektion.

Schritt 6	Halten Sie Maß!

Das Pareto-Prinzip gilt auch für das Zeitmanagement. Zeitplanung kostet Zeit und muß sich lohnen. Verwenden Sie z. B. 15 Minuten pro Arbeitstag auf Zeitplanung, nicht mehr. Nehmen Sie Sich diese Zeit jedoch regelmäßig und halten Sie Sich konsequent an Ihre Planungen.

Übungsblatt 3   Selbstsicherheitstraining

Zur Verbesserung der Selbstsicherheit empfiehlt es sich, in folgender Reihenfolge vorzugehen (modifiziert nach Frese, 1991). Das Vorgehen ist dasselbe wie bei anderen Verhaltensänderungen.

Schritt 1	Ziele festlegen

Beschreiben Sie genau, welche Aspekte selbstsicheren Verhaltens Sie verbessern möchten.

Beispiele:

– Ich werde mich in der nächsten Sitzung nicht unterbrechen lassen und meine Punkte ruhig vortragen.

– Ich werde Arbeit zurückweisen, die nicht in meine Zuständigkeit fällt und die mein Kollege / meine Kollegin erledigen müßte.

– Ich werde die Aufteilung der Hausarbeit mit meinem Partner / meiner Partnerin besprechen und neu ordnen.

Suchen Sie sich zunächst solche Verhaltensweisen aus, die einfach erlernbar bzw. durchführbar sind. Gehen Sie erst danach besonders schwierige Verhaltensweisen an.

Schritt 2	Modell auswählen

Das von Ihnen angestrebte Verhalten wird möglicherweise von jemand anderem bereits gezeigt. Nehmen Sie sich diesen Menschen zum Modell (Vorbild). Suchen Sie sich aber keine überperfekten Vorbilder aus. Bleiben Sie im Rahmen des Möglichen und Üblichen.

Schritt 3	Verhalten in der Vorstellung üben

Stellen Sie sich genau vor, wie Sie das neue selbstsichere Verhalten zeigen. Dabei ist es wichtig, daß Sie sich das Verhalten in *allen Einzelheiten* vorstellen. Dabei hilft die Anlehnung an das ausgewählte Modell.

Argumentieren Sie beispielsweise in Gedanken, wie Sie mit einer Unterbrechung in der nächsten Sitzung umgehen werden. Stellen Sie sich vor, wie Sie darauf bestehen) Ihre Ausführung zu komplettieren, ohne aggressiv oder defensiv zu werden.

Schritt 4	In Realität üben

Verhalten Sie sich nun so, wie Sie es sich vorgestellt haben. Üben Sie das Verhalten zunächst in einem Rollenspiel mit einem vertrauten Menschen. Sehr hilfreich zur Optimierung ist die Aufzeichnung auf Tonband oder Video. Lassen Sie den vertrauten Menschen die Person spielen, die versucht, Ihnen das Wort abzuschneiden.

Schritt 5	Sich selbst belohnen

Wenn Sie das neue Verhalten gezeigt haben, belohnen Sie sich. Möglicherweise können Sie sich noch verbessern, aber: Ein Schritt nach dem anderen; es ist noch kein Meister vom Himmel gefallen. Sie haben die ersten Schritte getan, um Ihr Verhalten zu ändern.

Übungsblatt 4   Progressive Muskelentspannung

Zum Einüben der Muskelentspannung müssen Sie regelmäßig 20 Minuten pro Tag üben. Mit zunehmender Übung wird die Entspannung immer schneller eintreten. Sie werden von 16 auf 7 und dann auf 4 Muskelgruppen reduzieren können. Jede Stufe sollten Sie mindestens eine Woche lang trainieren. Erfahrungsgemäß

– nimmt die Entspannungstiefe langsam und kontinuierlich zu. Mit zunehmender Übung sinkt die Anfälligkeit für Störungen, Abschweifungen werden seltener bzw. werden schneller kontrolliert

– tauchen Motivationsprobleme vor allem dann auf, wenn die entsprechenden Muskelgruppen hinreichend geübt worden sind und sich Langeweile einstellt. Gehen Sie dann zur nächsten Muskelgruppe über.

Stufe 1 | 16 Muskelgruppen

Legen Sie sich so bequem wie möglich hin. Regulieren Sie Ihre Lage, bis Sie bequem und druckfrei liegen und nichts Sie stört. Lockern Sie engsitzende Kleidung, entfernen Sie Brille, Kontaktlinsen, Gürtel, Schmuck. Ihre Arme sind leicht abgewinkelt, die Handgelenke liegen locker auf, Ihre Beine sind bequem ausgestreckt, die Füße fallen von alleine nach außen.

Schließen Sie die Augen. Halten Sie während der Übungen die Augen geschlossen, um Ablenkungen zu vermeiden. Denken Sie an nichts Bestimmtes, lassen Sie Ihre Gedanken los.

Bei jeder der folgenden Übungen kommt es darauf an, Muskelgruppen langsam und kontinuierlich anzuspannen. Dabei wird die Spannung jeweils 5–10 Sekunden gehalten, die Entspannung etwa doppelt so lange; nacheinander werden angespannt und entspannt: Hand und Unterarme, Oberarme, Gesicht, Schultern, Nacken, Rücken, Brust, Bauch, Gesäß, Beine.

Schritt 1 | Entspannung der Arme (4 Gruppen)

Ballen Sie die rechte[1] Faust, ballen Sie fest und fester, und beobachten Sie die Spannung. Halten Sie die Faust geballt, und fühlen Sie die Spannung in der rechten Faust, in der Hand, im Unterarm.

Und nun entspannen Sie sich. Lassen Sie die Finger der rechten Hand locker werden, und beobachten Sie den Unterschied zwischen Spannung und Entspannung.

Noch einmal: Ballen Sie die rechte Faust ganz fest, halten Sie sie gespannt, und beobachten Sie die Spannung.

Nun lassen Sie los, entspannen Sie sich. Die Finger strecken sich wieder, entspannen Sie die ganze Hand. Konzentrieren Sie sich auf die Empfindungen, die in den Muskeln sind, während Sie immer lockerer werden.

Nun machen Sie das gleiche mit der linken Faust. Ballen Sie nun die linke Faust, ballen Sie fest und fester, und beobachten Sie die Spannung. Halten Sie die Faust geballt, und fühlen Sie die Spannung in der linken Faust, in der Hand, im Unterarm.

Und nun entspannen Sie sich. Lassen Sie die Finger der linken Hand locker werden, und beobachten Sie den unterschiedlichen Eindruck. Lassen Sie locker, und entspannen Sie sich.

---

1) Beginn erfolgt mit dominantem Arm, bei Linkshändern die linke Hand.

95

Übungsblatt 4 Progressive Muskelentspannung

Wiederholen Sie noch einmal. Spannen Sie die linke Faust ganz fest. Halten Sie sie gespannt, und achten Sie auf die Spannung.

Und nun entspannen Sie, die Finger der linken Hand strecken sich wieder, entspannen Sie die ganze Hand. Konzentrieren Sie sich auf die Empfindungen, die in den Muskeln sind, während Sie immer lockerer werden.

Nun beugen Sie den rechten Ellenbogen und spannen den Oberarm an (Bizeps). Fest und fester spannen, und achten Sie auf die Spannung.

Strecken Sie den Arm aus, entspannen Sie sich, und achten Sie auf den Unterschied. Fühlen Sie, wie sich die Entspannung ausbreitet.

Noch einmal. Spannen Sie den rechten Oberarm an. Halten Sie die Spannung, und achten Sie darauf, wie sich die Spannung anfühlt.

Und nun entspannen Sie. Legen Sie den Arm wieder bequem hin, und lassen Sie ihn ganz locker. Lassen Sie die Entspannung sich ausbreiten und tiefer und tiefer werden. Konzentrieren Sie sich auf die Entspannung im ganzen Arm. Versuchen Sie, den Arm immer weiter zu entspannen.

Nun beugen Sie den linken Ellenbogen und spannen den Oberarm an (Bizeps). Fest und fester spannen, und achten Sie auf die Spannung.

Strecken Sie den Arm jetzt aus, entspannen Sie sich, und achten Sie auf den Unterschied. Fühlen Sie, wie sich die Entspannung ausbreitet.

Noch einmal. Spannen Sie den linken Oberarm an. Halten Sie die Spannung, und achten Sie darauf, wie sich die Spannung anfühlt.

Und nun entspannen Sie. Legen Sie den Arm wieder bequem hin, und lassen Sie ihn ganz locker. Lassen Sie die Entspannung sich ausbreiten und tiefer und tiefer werden. Konzentrieren Sie sich auf die Entspannung im ganzen Arm. Versuchen Sie, den Arm immer weiter zu entspannen.

Nun strecken Sie die Arme aus, drücken Sie so fest auf die Unterlage, daß Sie eine große Spannung an der Rückseite der Oberarme spüren. Fühlen Sie die Spannung.

Und wieder entspannen. Arme bequem hinlegen. Lassen Sie die Entspannung sich weiter ausbreiten. Achten Sie auf den Unterschied zwischen Anspannung und Entspannung.

Strecken Sie die Arme wieder aus, drücken Sie so fest auf die Unterlage, daß Sie eine große Spannung an der Rückseite der Oberarme spüren. Fühlen Sie die Spannung.

Und entspannen Sie wieder. Konzentrieren Sie sich auf die Entspannung in den Armen. Legen Sie die Arme ganz bequem hin, und entspannen Sie weiter und weiter. Achten Sie nur noch auf die Entspannung.

Schritt 2	Entspannung des Gesichts und des Nackens (4 Gruppen)

Wir kommen zu Gesicht und Nacken. Halten Sie die Augen weiter geschlossen, und spüren Sie die Entspannung. Fühlen Sie, wie es ist, wenn die Muskeln sich mehr und mehr entspannen.

Runzeln Sie die Stirn, ziehen Sie die Stirnmuskeln fest nach oben. Es entstehen Falten auf der Stirn. Runzeln Sie immer fester. Halten Sie die Spannung.

Entspannen Sie die Stirn, lassen Sie sie locker und glatt werden. Achten Sie darauf, wie sie sich im Vergleich zu eben anfühlt. Fühlen Sie, wie die Stirn immer lockerer wird. Die Stirnhaut wird locker und entspannt.

Übungsblatt 4 Progressive Muskelentspannung

Und noch einmal. Runzeln Sie die Stirn, spüren Sie die Spannung in der Stirn. Halten Sie die Spannung.

Und nun entspannen Sie wieder. Lassen Sie die Stirnhaut locker und glatt werden. Achten Sie darauf, wie sie sich im Vergleich zu vorher anfühlt. Fühlen Sie, wie die Stirn immer lockerer wird. Die gesamte Kopfhaut wird locker und entspannt.

Nun kneifen Sie die Augen zusammen und rümpfen die Nase. Fühlen Sie die Spannung in den Augen und in der Nase.

Und nun entspannen Sie wieder. Lassen Sie die Augenpartie und die Nase ganz locker werden. Halten Sie die Augen ruhig und bequem geschlossen, und konzentrieren Sie sich auf das Gefühl der Entspannung.

Und noch einmal. Kneifen Sie nun die Augen fest zusammen, und rümpfen Sie die Nase. Fühlen Sie die Spannung.

Und entspannen Sie. Lassen Sie die Spannung weichen und die Entspannung sich ausbreiten. Spüren Sie die Entspannung in den Augen und in der Nase. Halten Sie die Augen ruhig und bequem geschlossen. Konzentrieren Sie sich auf das Gefühl der Entspannung.

Nun beißen Sie die Zähne fest zusammen, spannen Sie die Kiefermuskeln, ziehen Sie die Mundwinkel nach hinten, und pressen Sie die Zunge fest gegen den Gaumen. Spüren Sie die Spannung.

Und nun lassen Sie los. Entspannen Sie die Kiefermuskeln, lassen Sie den Kiefer fallen und die Zunge locker werden. Lassen Sie die Entspannung sich ausbreiten, versuchen Sie, alle Muskeln zu lockern.

Und noch einmal. Fest zubeißen, die Mundwinkel nach hinten ziehen und die Zunge fest gegen den Gaumen pressen. Spüren Sie die Spannung.

Entspannen Sie wieder. Lassen Sie die Spannung weichen, spüren Sie die Entspannung in den Gesichtsmuskeln: in der Stirn, den Augen, der Nase, im Mund und Kiefer. Lassen Sie die Entspannung tiefer und tiefer werden.

Nun beobachten Sie die Nackenmuskeln. Drücken Sie den Kopf fest auf die Unterlage, und fühlen Sie die Spannung. Drücken Sie ganz fest. Konzentrieren Sie sich auf die Spannung.

Und entspannen Sie. Lassen Sie die Nackenmuskeln ganz locker werden und die Entspannung sich ausdehnen. Spüren Sie die Entspannung im Nacken.

Beobachten Sie noch mal die Nackenmuskeln. Drücken Sie den Kopf fest auf die Unterlage, und fühlen Sie die Spannung. Drücken Sie ganz fest. Spüren Sie die Spannung.

Und entspannen Sie. Lassen Sie die Nackenmuskeln ganz locker werden und die Entspannung sich ausdehnen. Spüren Sie die Entspannung im Nacken.

Beobachten Sie nun die Halsmuskeln. Richten Sie den Kopf auf, drücken Sie das Kinn gegen die Brust. Und halten Sie die Spannung.

Und lassen Sie los. Entspannen Sie die Halsmuskulatur. Lassen Sie ganz los. Spüren Sie, wie die Entspannung sich ausweitet und tiefer und tiefer wird.

Beobachten Sie noch mal die Halsmuskeln. Richten Sie den Kopf auf, drücken Sie das Kinn gegen die Brust. Und halten Sie die Spannung.

Und lassen Sie los. Entspannen Sie die Halsmuskulatur. Lassen Sie ganz los. Spüren Sie, wie die Entspannung sich immer mehr ausweitet.

Übungsblatt 4 Progressive Muskelentspannung

Schritt 3	Entspannung der Schultern, der Brust, des Rückens, des Bauchs und des Gesäßes (2 Gruppen)

Wir kommen zu Schultern und Rumpf. Atmen Sie leicht und ruhig. Atmen Sie ein und langsam aus. Konzentrieren Sie sich auf die Ausatmung.

Drücken Sie die Schultern auf die Unterlage, Spüren Sie die Spannung in den Schultern, halten Sie ganz fest.

Nun entspannen Sie die Schultern wieder. Lassen Sie die Schultern ganz locker werden, atmen Sie leicht und ruhig. Konzentrieren Sie sich auf die Ausatmung, atmen Sie ein und langsam aus.

Nun ziehen Sie die Schultern nach vorne, halten Sie sie fest, spüren Sie die Spannung.

Und nun entspannen Sie die Schultern. Lassen Sie die Schultern ganz locker werden, legen Sie sie bequem hin, und spüren Sie, wie die Entspannung sich in den Schultern ausbreitet. Lassen Sie sie tiefer und tiefer werden.

Nun machen Sie ein hohles Kreuz, spannen Sie das Gesäß an, drücken Sie die Schultern auf die Unterlage, und fühlen Sie die Spannung im Rücken.

Nun lassen Sie los. Entspannen Sie die Schultern, den Rücken, das Kreuz und das Gesäß. Atmen Sie leicht und ruhig. Atmen Sie ein und langsam aus, und konzentrieren Sie sich auf die Ausatmung.

Nun machen Sie einen runden Rücken, ziehen Sie die Schultern nach vorne, den Bauch nach innen, und spannen Sie das Gesäß an. Halten Sie die Spannung.

Und nun entspannen Sie wieder. Lassen Sie alles locker werden: Schultern, Brust, Bauch, Gesäß, Kreuz und Rücken. Atmen Sie leicht und ruhig. Konzentrieren Sie sich auf die Empfindungen, die Sie beim Ausatmen wahrnehmen, und lassen Sie die Entspannung tiefer und tiefer werden und sich immer mehr ausbreiten.

Schritt 4	Entspannung der Beine (6 Gruppen)

Wir kommen nun zu den Beinen (zuerst das dominante Bein).

Beobachten Sie nun das rechte Bein. Spannen Sie den Oberschenkel an, spannen Sie ihn ganz fest, und fühlen Sie die Spannung.

Und nun lassen Sie los. Lassen Sie die Muskeln im Oberschenkel locker werden, und spüren Sie, wie die Entspannung sich ausbreitet.

Nun noch einmal: Spannen Sie den rechten Oberschenkel fest an, halten Sie die Spannung, spüren Sie die Spannung.

Nun entspannen Sie wieder. Spüren Sie, wie es ist, wenn die Muskeln locker werden, und versuchen Sie, die Entspannung tiefer und tiefer werden zu lassen.

Beobachten Sie nun das linke Bein. Spannen Sie den Oberschenkel an, spannen Sie ihn ganz fest, und fühlen Sie die Spannung.

Und nun lassen Sie los. Lassen Sie die Muskeln im Oberschenkel locker werden, und spüren Sie, wie die Entspannung sich ausbreitet.

Nun noch einmal: Spannen Sie den linken Oberschenkel fest an, halten Sie die Spannung, spüren Sie die Spannung.

Nun entspannen Sie wieder. Spüren Sie, wie es ist, wenn die Muskeln locker werden, und versuchen Sie, die Entspannung tiefer und tiefer werden zu lassen.

Übungsblatt 4   Progressive Muskelentspannung

Nun ziehen Sie beide Füße in Richtung Gesicht, und spüren Sie die Spannung in den Schienbeinen und in den Zehen.

Und entspannen Sie. Entspannen Sie die Füße und Waden, lassen Sie die Beine ganz locker werden.

Und noch einmal: Ziehen Sie die Füße in Richtung Gesicht, spüren Sie die Spannung in den Schienbeinen und in den Zehen.

Und entspannen Sie wieder. Entspannen Sie Ihre Füße, die Schienbeine und die Oberschenkel. Lassen Sie alle Spannung raus, und konzentrieren Sie sich auf die Entspannung in den Beinen.

Nun strecken Sie die Füße, drehen Sie die Füße nach innen und beugen die Zehen, spüren Sie die Spannung.

Und lassen Sie los. Entspannen Sie Waden, Knöchel und Zehen. Lassen Sie die Entspannung sich ausbreiten und die Muskeln immer lockerer werden.

Und noch einmal: Strecken Sie die Füße, drehen Sie sie nach innen, und beugen Sie die Zehen. Fühlen Sie die Spannung in den Waden.

Und entspannen Sie wieder. Entspannen Sie Füße, Unterschenkel, Knie und Oberschenkel. Fühlen Sie, wie es ist, wenn diese Muskeln sich immer mehr entspannen. Und entspannen Sie weiter und weiter. Lassen Sie die Entspannung immer tiefer werden.

Schritt 5	Abschlußphase

Atmen Sie tief und ruhig weiter. Konzentrieren Sie sich auf die Ausatmung. Fühlen Sie die Entspannung im ganzen Körper: In den Füßen, in den Beinen, im Gesäß, in Rücken und Bauch, in den Händen und Armen, in den Schultern, im Nacken, im Kopf und Gesicht. Entspannen Sie weiter und weiter. Halten Sie die Augen geschlossen, atmen Sie ein und dann ganz langsam aus. Achten Sie auf die Entspannung.

Sie haben keine Lust, auch nur einen Muskel Ihres Körpers zu bewegen. Denken Sie an die große Mühe, die es bereiten würde, wenn Sie den rechten Arm heben wollten. Lassen Sie den Arm weiter entspannt. Beobachten Sie die Ruhe und das Verschwinden jeglicher Spannung.

Wenn Sie den Wunsch haben, die Entspannung zurückzunehmen, zählen Sie bei geschlossenen Augen rückwärts von 4 bis 1:

– Bei 4 bewegen Sie die Füße und Beine.

– Bei 3 Hände und Arme.

– Bei 2 Kopf und Hals.

– Bei 1 öffnen Sie die Augen.

Übungsblatt 4   Progressive Muskelentspannung

Stufe 2	7 Muskelgruppen

Legen Sie sich so bequem wie möglich hin. Entspannen Sie sich, so gut es geht. Schließen Sie die Augen. Rücken Sie sich so lange zurecht, bis Sie wirklich bequem liegen. Regulieren Sie, was Sie stören könnte an Ihrer Lage oder an Ihrer Kleidung. Halten Sie die Augen geschlossen.

Schritt 1	Entspannung der Arme (2 Gruppen)

Spannen Sie den ganzen rechten Arm an. Ballen Sie die Faust, und beugen Sie den Ellenbogen. Spüren Sie die Spannung im Arm.

Und nun entspannen Sie. Ihre Finger strecken sich wieder, entspannen Sie die Hand, den Unterarm und den Oberarm. Beobachten Sie den Unterschied zwischen Spannung und Entspannung.

Spannen Sie den ganzen rechten Arm noch einmal an. Ballen Sie die Faust, und strecken Sie den Arm aus, so daß Sie eine große Spannung an der Rückseite des Oberarms spüren. Spannen Sie fest.

Und entspannen Sie. Legen Sie den Arm wieder bequem hin. Entspannen Sie, und achten Sie auf den Unterschied. Konzentrieren Sie sich auf die Entspannung im ganzen Arm. Versuchen Sie, den Arm immer weiter zu entspannen.

Und nun zum anderen Arm: Spannen Sie den ganzen linken Arm an. Ballen Sie die Faust, und beugen Sie den Ellenbogen. Spüren Sie die Spannung im Arm.

Und nun entspannen Sie. Ihre Finger strecken sich wieder, entspannen Sie die Hand, den Unterarm und den Oberarm. Beobachten Sie den Unterschied zwischen Spannung und Entspannung.

Spannen Sie den ganzen linken Arm noch einmal an. Ballen Sie die Faust, und strecken Sie den Arm aus, so daß Sie eine große Spannung an der Rückseite des Oberarms spüren. Spannen Sie fest.

Entspannen Sie. Legen Sie den Arm wieder bequem hin. Entspannen Sie, und achten Sie auf den Unterschied. Konzentrieren Sie sich auf die Entspannung. Versuchen Sie, den Arm immer weiter zu entspannen.

Schritt 2	Entspannung des Gesichts und Nackens (2 Gruppen)

Wir kommen zu Gesicht und Nacken.

Wenn ich gleich sage „Gesicht anspannen!", heißt das: Stirn runzeln, Augen fest schließen, Nase rümpfen, Zähne aufeinander beißen, Mundwinkel nach hinten ziehen und Zunge fest gegen den Gaumen pressen. Spannen Sie jetzt das Gesicht an.

Und lassen Sie los. Entspannen Sie die Stirn, lassen Sie die Stirnhaut locker und glatt werden. Entspannen Sie die Augenpartie und die Nase. Entspannen Sie die Kiefermuskeln, lassen Sie den Kiefer fallen und die Zunge wieder locker werden. Lassen Sie die Entspannung sich ausbreiten, versuchen Sie, alle Muskeln zu lockern.

Spannen Sie das Gesicht noch einmal an. Und halten Sie fest. Spüren Sie die Spannung.

Und entspannen Sie. Lassen Sie die Spannung raus, spüren Sie, ob alle Gesichtsmuskeln entspannt sind: Stirn, Augen, Nase, Mund, Zunge und Kiefer.

Nun beobachten Sie die Nackenmuskeln. Drücken Sie den Kopf fest auf die Unterlage, und fühlen Sie die Spannung. Drücken Sie ganz fest. Spüren Sie die Spannung.

Und entspannen Sie. Lassen Sie die Spannung weichen und die Entspannung sich ausweiten. Spüren Sie die Entspannung im Nacken.

Nun beobachten Sie die Halsmuskeln. Richten Sie den Kopf auf, pressen Sie das Kinn gegen die Brust, halten Sie die Spannung.

Lassen Sie los. Entspannen Sie Hals und Nackenmuskulatur. Achten Sie auf die Entspannung.

Schritt 3	Entspannung der Schultern, der Brust, des Rückens, des Bauchs und des Gesäßes (1 Gruppe)

Wir kommen zu Schultern und Rumpf. Atmen Sie leicht und ruhig. Atmen Sie ein und langsam aus. Konzentrieren Sie sich auf die Ausatmung.

Drücken Sie die Schultern auf die Unterlage, machen Sie ein hohles Kreuz, spannen Sie das Gesäß an. Und halten Sie die Spannung. Spüren Sie die Spannung.

Nun lassen Sie los. Entspannen Sie die Schultern, den Rücken, das Kreuz und das Gesäß. Atmen Sie leicht und ruhig. Atmen Sie ein und langsam aus. Konzentrieren Sie sich auf die Ausatmung.

Ziehen Sie nun die Schultern nach vorne, Bauch nach innen, machen Sie einen runden Rücken und spannen Sie das Gesäß an.

Nun entspannen Sie. Lassen Sie alles locker werden: Schultern, Brust, Bauch, Gesäß, Kreuz und Rücken. Atmen Sie leicht und ruhig. Atmen Sie ein und langsam aus. Konzentrieren Sie sich auf das Ausatmen, und lassen Sie die Entspannung tiefer und tiefer werden.

Schritt 4	Entspannung der Beine (2 Gruppen)

Wir kommen nun zu den Beinen (zuerst das dominante Bein).

Nun beobachten Sie das rechte Bein. Drücken Sie das Knie auf die Unterlage, und ziehen Sie die Zehen und den Fuß in Richtung Gesicht hoch. Fühlen Sie die Spannung.

Und entspannen Sie, entspannen Sie die Zehen, den Fuß, den Unterschenkel und den Oberschenkel. Achten Sie darauf, wie sich das Bein im Vergleich zu vorher anfühlt. Spüren Sie, wie die Entspannung sich ausbreitet.

Drücken Sie das rechte Knie noch einmal auf die Unterlage, strecken Sie den Fuß, beugen Sie die Zehen, und drehen Sie sie nach innen. Und halten Sie die Spannung.

Und entspannen Sie. Entspannen Sie das ganze Bein: Zehen, Fuß, Unterschenkel und Oberschenkel. Fühlen Sie, wie es ist, wenn diese Muskeln sich immer mehr entspannen. Entspannen Sie weiter und weiter.

Nun beobachten Sie das linke Bein. Drücken Sie das Knie auf die Unterlage, und ziehen Sie die Zehen und den Fuß in Richtung Gesicht hoch. Fühlen Sie die Spannung.

Und entspannen Sie, entspannen Sie die Zehen, den Fuß, den Unterschenkel und den Oberschenkel. Achten Sie darauf, wie sich das Bein im Vergleich zu vorher anfühlt. Spüren Sie, wie die Entspannung sich ausbreitet.

Drücken Sie das linke Knie noch einmal auf die Unterlage, strecken Sie den Fuß, beugen Sie die Zehen, und drehen Sie sie nach innen. Und halten Sie die Spannung.

Und entspannen Sie. Entspannen Sie das ganze Bein: Zehen, Fuß, Unterschenkel und Oberschenkel. Fühlen Sie, wie es ist, wenn diese Muskeln sich immer mehr entspannen. Entspannen Sie weiter und weiter.

Schritt 5	Abschlußphase

Atmen Sie tief und ruhig weiter. Konzentrieren Sie sich auf die Ausatmung. Fühlen Sie die Entspannung im ganzen Körper: in den Füßen, in den Beinen, im Gesäß, in Rücken und Bauch, in den Händen und Armen, in den Schultern, im Nacken, im Kopf und Gesicht. Entspannen Sie weiter und weiter. Halten Sie die Augen geschlossen, atmen Sie flach ein und dann ganz langsam aus. Achten Sie auf die Entspannung.

Wenn Sie den Wunsch haben, die Entspannung zurückzunehmen, zählen Sie bei geschlossenen Augen rückwärts von 4 bis 1:

– Bei 4 bewegen Sie die Füße und Beine.

– Bei 3 Hände und Arme.

– Bei 2 Kopf und Hals.

– Bei 1 öffnen Sie die Augen.

Stufe 3	4 Muskelgruppen

Legen Sie sich so bequem wie möglich hin. Entspannen Sie sich, so gut es geht. Schließen Sie die Augen. Rücken Sie sich so lange zurecht, bis Sie wirklich bequem liegen. Regulieren Sie, was Sie stören könnte an Ihrer Lage oder an Ihrer Kleidung. Halten Sie die Augen geschlossen.

Schritt 1	Entspannung der Arme (1 Gruppe)

Spannen Sie beide Arme an, ballen Sie die Hände zur Faust, und beugen Sie die Ellenbogen. Spüren Sie die Spannung in den Armen.

Und nun entspannen Sie. Ihre Finger strecken sich wieder, entspannen Sie die Hände, die Unterarme und die Oberarme. Lassen Sie beide Arme ganz locker werden.

Spannen Sie beide Arme noch einmal an, ballen Sie die Hände zur Faust, und strecken Sie die Arme aus, so daß Sie eine große Spannung an der Rückseite der Oberarme spüren.

Und nun entspannen Sie. Legen Sie die Arme wieder bequem hin. Konzentrieren Sie sich auf die Entspannung in den Armen. Versuchen Sie die Arme immer weiter zu entspannen und immer lockerer werden zu lassen.

Schritt 2	Entspannung des Gesichts und Nackens (1 Gruppe)

Wir kommen zu Gesicht und Nacken.

Wenn ich gleich sage „Gesicht und Nacken anspannen!", heißt das: Stirn runzeln, Augen fest schließen, Nase rümpfen, Zähne aufeinander beißen, Mundwinkel nach hinten ziehen, Zunge fest gegen den Gaumen pressen und den Kopf auf die Unterlage drücken. Spannen Sie jetzt Gesicht und Nacken an.

Und lassen Sie los. Entspannen Sie die Stirn, lassen Sie die Stirnhaut locker und glatt werden. Entspannen Sie die Augenpartie und die Nase. Entspannen Sie die Kiefermuskeln, lassen Sie den Kiefer fallen und die Zunge wieder locker werden. Entspannen Sie den Nacken, lassen Sie die Entspannung sich ausbreiten, und versuchen Sie, alle Muskeln zu lockern.

Übungsblatt 4 Progressive Muskelentspannung

Spannen Sie das Gesicht noch einmal an und richten Sie den Kopf auf. Und halten Sie die Spannung fest. Achten Sie auf die Spannung.

Und entspannen Sie. Lassen Sie die Spannung raus. Spüren Sie, ob alle Muskeln entspannt sind: Stirn, Augen, Nase, Mund, Zunge und Kiefer, Nacken und Halsmuskeln.

Schritt 3	Entspannung der Schultern, der Brust, des Rückens, des Bauchs und des Gesäßes (1 Gruppe)

Wir kommen zu Schultern und Rumpf. Atmen Sie leicht und ruhig. Atmen Sie ein und langsam aus. Konzentrieren Sie sich auf die Ausatmung.

Drücken Sie die Schultern auf die Unterlage, machen Sie ein hohles Kreuz, spannen Sie das Gesäß an. Und halten Sie die Spannung. Spüren Sie die Spannung.

Nun lassen Sie los. Entspannen Sie die Schultern, den Rücken, das Kreuz und das Gesäß. Atmen Sie leicht und ruhig. Atmen Sie ein und langsam aus. Konzentrieren Sie sich auf die Ausatmung.

Ziehen Sie nun die Schultern nach vorne, Bauch nach innen, machen Sie einen runden Rücken, und spannen Sie das Gesäß an. Halten Sie die Spannung fest, und achten Sie auf die Spannung in den Muskeln.

Nun entspannen Sie. Lassen Sie alles locker werden: Schultern, Brust, Bauch, Gesäß, Kreuz und Rücken. Atmen Sie leicht und ruhig. Atmen Sie ein und langsam aus. Konzentrieren Sie sich auf das Ausatmen, und lassen Sie die Entspannung tiefer und tiefer werden.

Schritt 4	Entspannung der Beine (1 Gruppe)

Wir kommen nun zu den Beinen.

Spannen Sie beide Beine an. Drücken Sie die Knie auf die Unterlage, und ziehen Sie Zehen und Füße in Richtung Gesicht hoch. Fühlen Sie die Spannung.

Und entspannen Sie, entspannen Sie Zehen, Füße, Unterschenkel und Oberschenkel. Spüren Sie, wie die Entspannung sich ausbreitet und tiefer und tiefer wird.

Spannen Sie beide Beine noch einmal an. Drücken Sie die Knie auf die Unterlage, strecken Sie die Füße, beugen Sie die Zehen, und drehen Sie sie nach innen. Halten Sie die Spannung.

Und entspannen Sie. Entspannen Sie die Beine, Zehen, Füße, Unterschenkel und Oberschenkel. Fühlen Sie, wie es ist, wenn die Muskeln sich immer mehr entspannen. Und entspannen Sie weiter und weiter.

Schritt 5	Abschlußphase

Atmen Sie tief und ruhig weiter. Konzentrieren Sie sich auf die Ausatmung. Fühlen Sie die Entspannung im ganzen Körper: in den Füßen, in den Beinen, im Gesäß, in Rücken und Bauch, in den Händen und Armen, in den Schultern, im Nacken, im Kopf und Gesicht. Entspannen Sie weiter und weiter. Halten Sie die Augen geschlossen, atmen Sie ein und dann ganz langsam aus. Achten Sie auf die Entspannung.

Wenn Sie den Wunsch haben, die Entspannung zurückzunehmen, zählen Sie bei geschlossenen Augen rückwärts von 4 bis 1:

– Bei 4 bewegen Sie die Füße und Beine.

– Bei 3 Hände und Arme.

Übungsblatt 4   Progressive Muskelentspannung

– Bei 2 Kopf und Hals.
– Bei 1 öffnen Sie die Augen.

Stufe 4	4 Muskelgruppen – Vergegenwärtigung

Legen Sie sich so bequem wie möglich hin. Entspannen Sie sich. Schließen Sie die Augen. Rücken Sie sich so lange zurecht, bis Sie wirklich bequem liegen. Regulieren Sie, was Sie stören könnte an Ihrer Lage oder an Ihrer Kleidung. Halten Sie die Augen geschlossen.

Schritt 1	Entspannung der Arme (1 Gruppe)

Wir beginnen mit den Armen.

Konzentrieren Sie sich auf die Muskeln der Arme und Hände, und achten Sie auf alle Spannungsgefühle, die sie dort feststellen können. Beachten Sie, wo die Spannung ist und wie sie sich anfühlt.

Und nun entspannen Sie. Vergegenwärtigen Sie sich, wie es war, als sich diese Muskeln lockerten, sie sich mehr und mehr entspannten. Spüren Sie die Entspannung in beiden Armen, und lassen Sie sie tiefer und tiefer werden. Entspannen Sie sich weiter und weiter. Versuchen Sie, ein immer tieferes Gefühl der Entspannung zu erreichen.

Schritt 2	Entspannung des Gesichts und des Nackens (1 Gruppe)

Wir gehen zu Gesicht und Nacken über.

Konzentrieren Sie sich auf den Kopf, die Nackenmuskeln und Ihr Gesicht. Spüren Sie, ob dort irgendwo Spannungen sind. Prüfen Sie, welche Muskeln angespannt sind.

Und nun entspannen Sie. Erinnern Sie sich an das Gefühl der Entspannung, das sich ausbreitete, wenn Sie die Muskeln des Gesichts und des Nackens entspannten. Lassen Sie die Entspannung sich jetzt ausbreiten und tiefer und tiefer werden. Versuchen Sie, die Muskeln immer weiter zu entspannen.

Schritt 3	Entspannung der Schultern, der Brust, des Rückens, des Bauchs und des Gesäßes (1 Gruppe)

Wir kommen zu Schultern und Rumpf. Atmen Sie leicht und ruhig. Atmen Sie ein und langsam aus. Konzentrieren Sie sich auf die Ausatmung.

Und nun achten Sie auf Ihren Oberkörper und Ihr Gesäß. Spüren Sie genau, welche Muskeln dort angespannt sind, wo die Spannung sitzt, und spüren Sie, wie die Spannung sich anfühlt.

Und nun entspannen Sie. Vergegenwärtigen Sie sich, wie es war, als Sie diese Muskeln locker ließen und sie sich mehr und mehr entspannten. Spüren Sie, wie sich jetzt die Entspannung ausbreitet, und versuchen Sie die Entspannung tiefer und tiefer werden zu lassen. Versuchen Sie, immer weiter zu entspannen, immer mehr loszulassen. Atmen Sie leicht und ruhig. Atmen Sie ein und langsam aus, konzentrieren Sie sich auf die Ausatmung. Konzentrieren Sie sich auf die Empfindungen, die Sie beim Ausatmen wahrnehmen, und lassen Sie die Entspannung tiefer und tiefer werden.

Übungsblatt 4   Progressive Muskelentspannung

Schritt 4	Entspannung der Beine (1 Gruppe)

Wir kommen nun zu den Beinen.

Konzentrieren Sie sich nun auf Ihre Beine, und spüren Sie, welche Muskeln dort angespannt sind. Spüren Sie, wie sich die Spannung anfühlt und in welchen Muskeln sie genau sitzt.

Und entspannen Sie. Erinnern Sie sich daran, wie es sich anfühlte, als diese Muskeln lockerer und lockerer wurden, sie sich mehr und mehr entspannten. Spüren Sie, wie sich jetzt die Entspannung in Ihren Beinen ausbreitet. Versuchen Sie, weiter und weiter zu entspannen. Lassen Sie die Beine immer lockerer werden.

Schritt 5	Abschlußphase

Atmen Sie tief und ruhig weiter. Konzentrieren Sie sich auf die Ausatmung. Fühlen Sie die Entspannung im ganzen Körper: in den Füßen, in den Beinen, im Gesäß, in Rücken und Bauch, in den Händen und Armen, in den Schultern, im Nacken, im Kopf und Gesicht. Entspannen Sie weiter und weiter. Halten Sie die Augen geschlossen, atmen Sie ein und dann ganz langsam aus. Achten Sie auf die Entspannung.

Wenn Sie den Wunsch haben, die Entspannung zurückzunehmen, zählen Sie bei geschlossenen Augen rückwärts von 4 bis 1:

– Bei 4 bewegen Sie die Füße und Beine.

– Bei 3 Hände und Arme.

– Bei 2 Kopf und Hals.

– Bei 1 öffnen Sie die Augen.

Während der Übung paßt sich der Kreislauf dem entspannten Ruhezustand des Körpers an. Vermeiden Sie daher das Aufstehen direkt aus der Entspannung, es könnte Ihnen schwindlig werden, und Sie könnten stürzen. Sofern Sie das autogene Training nicht als Einschlafhilfe verwenden, ist es sinnvoll, die Übung durch tiefes Ein- und Ausatmen und mehrfaches Beugen und Strecken der Arme zurückzunehmen.

Zur Durchführung des autogenen Trainings legen Sie sich hin, oder setzen Sie sich in der sog. Droschkenkutscherhaltung auf einen Stuhl. Diese Sitzhaltung hat sich der Begründer des autogenen Trainings von den Droschkenkutschern im Berlin der Jahrhundertwende abgeschaut (Krampen, 1991). Nach Krampen (1992) ist die sitzende Haltung dem Liegen vorzuziehen, da die sitzende Haltung im Alltag leichter eingenommen werden kann. Entspannungseffekte werden allerdings im Liegen meist schneller erreicht.

Für die Droschkenkutscherhaltung ist ein Stuhl notwendig, bei dem die Füße beim normalen Sitzen flach auf dem Fußboden stehen. Korrigieren Sie Ihre Kleidung, bis Sie nichts mehr drückt oder stört. Im einzelnen[1] (nach Krampen, 1991):

– Stellung der Beine: Normal auf den Stuhl setzen, Beine auseinanderstellen, Unter- und Oberschenkel bilden einen rechten Winkel, die Füße stehen flach auf dem Boden.

– Oberkörper und Arme: Mit dem Oberkörper ganz gerade hinsetzen, die Arme seitlich hängen und leicht pendeln lassen.

– In sich Zusammensinken: Den Oberkörper leicht und langsam (nach vorne) einknicken und die Augen schließen.

– Mit dem Oberkörper pendeln und den Ruhepunkt finden: Mit hängenden Armen und geschlossenen Augen pendelt man leicht mit dem Oberkörper und sucht den Ruhepunkt über der Körperachse. Die Ruhepunkt-Haltung behält man bei.

– Arme auf die Oberschenkel: Man legt die Unterarme so auf die Oberschenkel, daß sich weder die Hände berühren, noch die Handflächen die Oberschenkel berühren. Die Hände sind leicht geöffnet.

Halten Sie die Augen geschlossen, und lösen Sie sich von den Belastungen des Alltages. Denken Sie an nichts Bestimmtes. Gedanken und Geräusche sind Ihnen vollkommen gleichgültig. Genießen Sie einfach den ungestörten Zustand, und gehen Sie in Gedanken ganz in ihren Körper hinein. Die folgenden Formelsätze sollen wiederholt innerlich gesprochen werden. Die Konzentration auf die jeweilige Formel soll ein bis zwei Minuten anhalten. Sie können sich die Formel auch bildlich vorstellen. Sagen Sie nun nacheinander mehrmals langsam in Gedanken:

– Ich bin ganz ruhig – Ruhe.

– Der rechte[2] Arm ist schwer – Schwere.

– Der rechte Arm ist warm – Wärme.

– Die Atmung ist ruhig – Es atmet mich.

– Das Herz schlägt ruhig und gleichmäßig.

– Der Körper ist strömend warm.

– Die Stirn ist angenehm kühl.

Zum Zurücknehmen der Übung atmen Sie tief ein und aus, beugen und strecken Sie Arme und Beine, und öffnen Sie die Augen.

---

1) Durch die Übung dürfen keine Muskelschmerzen entstehen. Haben Sie Probleme während der Übung, korrigieren Sie Ihre Haltung, ohne die Übung zu unterbrechen.
2) Jeweils der dominante Arm. Bei Rechtshändern der rechte Arm, bei Linkshändern der linke Arm.

Ruhiges Atmen entspannt. Nachfolgend werden zwei Atemübungen mit aufsteigendem Schwierigkeitsgrad vorgestellt. Für beide Übungen (modifiziert nach Wagner-Link, 1995) gilt:

– Raum vorher gut lüften.
– Lockere, nicht einengende Kleidung tragen.
– Rückenlage mit leicht angewinkelten Beinen einnehmen.
– Vor Beginn der Übungen Muskeln lockern und entspannen.

Übung 1	Atmen mit Wortwiederholung

Die Atmung mit Wortwiederholung ist einfach zu lernen und eignet sich besonders als Einstieg:

– Einatmen: Atmen Sie durch die Nase.
– Ausatmen: Atmen Sie durch die Nase langsam und konzentriert aus. Sprechen Sie dabei in Gedanken langsam ein zweisilbiges Wort, z.B. „Ruhe". Wiederholen Sie die Übung beliebig oft.

Wichtig: Atmen Sie so schnell oder langsam, wie es für Sie angenehm ist.

Übung 2	Dreistufiges Atmen

Wiederholen Sie jede der folgenden Übungen 5–10 mal.

1. Schlüsselbeinatmung

– Einatmen: Legen Sie die Hände auf den oberen Teil des Brustkorbs, atmen Sie aus, und atmen Sie dann langsam ein, so daß sich der Brustkorb leicht hebt.
– Ausatmen: Beim Ausatmen achten Sie darauf, daß die gesamte Luft ausströmt, um genug Raum für frische Luft zu schaffen. Die Hände bleiben dabei passiv, sie liegen einfach auf der Brust und fühlen das Heben und Senken der Brust.

2. Brustatmung

– Einatmen: Atmen Sie normal aus. Legen Sie die Hände beiderseits des Brustbeins auf die unteren Rippen, so daß sich die Fingerspitzen fast berühren. Beim Einatmen fühlen Sie, wie sich die Rippen weit nach außen dehnen und die Hände voneinander entfernen.
– Ausatmen: Beim Ausatmen nähern sich die Fingerspitzen wieder an.

3. Bauchatmung

– Einatmen: Legen Sie jetzt die Hände in die Höhe des Nabels auf den Bauch. Atmen Sie zunächst aus. Beim Einatmen hebt sich der Bauch. Damit senkt sich das Zwerchfell, und die unteren Lungenlappen füllen sich mit Luft. Die Hände werden dadurch nach oben gedrückt.
– Ausatmen: Beim Ausatmen kehrt das Zwerchfell in seine kuppelförmige Position zurück. Der Bauch wird flach, und die Hände kommen in ihre Ausgangslage zurück.

Die Autoren

Sven Litzcke, Jahrgang 1966, Diplom-Psychologe, Diplom-Verwaltungswirt (FH)
Studium der Verwaltungswissenschaften und der Psychologie in Köln und Freiburg; Lehrbeauftragter an der Fachhochschule Villingen-Schwenningen.

Horst Schuh, Jahrgang 1941, Professor (FH), Diplom-Psychologe
Studium der Psychologie, Politik- und Sozialwissenschaften in Saarbrücken, Tübingen und Bonn; Dozent an der Fachhochschule des Bundes für öffentliche Verwaltung, Fachbereich Öffentliche Sicherheit.

Bei Erstellung des Buches sind wir mit großer Sorgfalt vorgegangen. Sollten sich dennoch Fehler eingeschlichen haben, bitten wir den Leser um Nachsicht und entsprechenden Hinweis an die Autoren. Für fehlerhafte Angaben und deren Folgen ist die Haftung seitens des Verlages sowie der Autoren ausgeschlossen. Für Verbesserungshinweise und Rückmeldungen zu Ihren Erfahrungen haben die Autoren ein offenes Ohr.